U0564411

陽明先生文録

[明] 王守仁 著

[明] 嘉靖二十六年刊

江蘇大學出版社
JIANGSU UNIVERSITY PRESS
鎮江

1

圖書在版編目（CIP）數據

陽明先生文録：全三册 /（明）王守仁著．—影印本．—鎮江：江蘇大學出版社，2018.5
ISBN 978-7-5684-0828-8

Ⅰ．①陽… Ⅱ．①王… Ⅲ．①王守仁（1472-1529）—文集 Ⅳ．①B248.2-53

中國版本圖書館CIP數據核字（2018）第092610號

陽明先生文録（全三册）

著　　者/［明］王守仁
責任編輯/顧正彤
出版發行/江蘇大學出版社
地　　址/江蘇省鎮江市夢溪園巷30號（郵編：212003）
電　　話/0511-84446464（傳真）
網　　址/http://press.ujs.edu.cn
印　　刷/北京虎彩文化傳播有限公司
開　　本/850mm×1168mm　1/16
總 印 張/91.5
總 字 數/324千字
版　　次/2018年5月第1版　2018年5月第1次印刷
書　　號/ISBN 978-7-5684-0828-8
定　　價/2700.00元（全三册）

如有印裝質量問題請與本社營銷部聯繫（電話：0511-84440882）

出版説明

人是一種會思想的動物，無論是爲了適應環境，克服生存的困難，抑或爲了生活得更有意義，思想皆不可或缺。在一般的中文習慣中，思想的涵義比『哲學』更寬泛，這種語用習慣的差异，也影響到學者對學術視野的選擇。一般而論，思想史的範圍也較哲學史爲廣闊，雖然很少得到清晰地界定，但它不失爲一種有效的學術視野。

在近代中國學術史上，思想史研究的興起與哲學史大約同時。一九〇二年三月，梁任公在其創辦的《新民叢報》上連續發表了《論中國學術思想變遷之大勢》系列論文，這可能是最早由國人撰著發表的思想史論文。而第一本由國人撰寫的中国古代哲學通史，則爲一九一六年謝無量的《中國哲學史》。這兩本早期著述有其學術史的意義，但其中對學科的性質與研究方法等多無明確的説明。事實上，無論是學者的闡述，還是其實際的操作，在思想史與哲學史之間都不易劃出清晰的界限，直到當代也仍然如此。拋開細節不論，就語用習慣及有關實踐而言，思想史表徵一種對歷史文化廣闊而深入的關照，其研究方法、關注的問題，都較哲學史爲多元，史料基礎也不可同日而語。尤其是在郭沫若、侯外廬等人建立起來的研究傳統中，思想史有明确的社會史取向，或因其與傳統的文史之學有親和性，以至在今天，這種思路仍然很有生命力。

文獻發掘向來是思想史研究的基本環節。爲了促進有關研究，我們選輯多種文本編爲『中國古代思想史珍本文獻叢刊』。全編選目包括經典文本，如儒、道二家的經解，重要思想家作品的早期刻本，和某些并不廣泛受到關注的作家文集的舊刻本。本編中也選録了數種反映古代民俗信仰的文獻，如《關聖帝君聖跡圖志》等。這些文本在傳統的學術視野中，多以爲不登大雅之堂，在今日視之，或者正因其反映了古代社會一般的信仰氛圍，而有重要的文本價值。此外，本編也著意收録了數種通常被視爲藝術史史料的文本，如《寶綸堂集》《徐文長文集》等，我們認爲對思想史關注而言，範圍與深度同樣重要。

選輯本編，也有文獻學上的意圖。中國古代有悠久的文獻學傳統，大量古籍文本的傳刻與整理造就了古代中國輝煌的古籍文化。本編收録的這些刻本不僅是古代學術發生、衍變的物質證據，也是古代古籍文化的重要部分。本編所收録的全部作品皆爲彩版影印，最大限度地保存了文獻的細節。其中有部分殘卷，視具體情況，或者補配，或者一仍其舊。本編的選目受制於編者的認識與底本資源，或者有不妥、不備之處，希望讀者不吝指正。

目録

第三册

陽明先生存稿序

古人之文理而已理散兩間醖諸人心迹無可見必俟言行而彰言行人之樞機君子慎之而實理形焉故知古人所謂文者皆本于言行左史記言右史記事乃載籍之初其文之權輿乎故文之爲用以之撰天地而天地爲昭以之擴萬物而萬物爲備以之修人倫而人倫爲明以之窮鬼神而鬼神爲顯以之治庶民而庶民爲從以之考三王而三王爲協以之俟後聖而後聖爲存所以經緯天地肇率人紀綱維萬物探賾陰陽統貫古今變通幽明而不可廢也陽明

先生夙負天挺豪傑之資始隨世俗學文出入世儒老釋之間中更竄謫流離之變乃篤志爲學久之有省孟子良知之説大學親民之旨反身而求於道若有以自得者故其發於言行也日見其宏廓深潛中和真直無少偏戾故其見於文也亦日見其浩博淵邃清明精切皆足以達其志而無遺或告之君父或質之朋友或迪之門生或施之政事或試之軍旅以至登臨之地燕處之時雖一謦一欬之微亦無往而非實理之形由此不息造其精以極于誠是故用之天地可以經緯人紀可以肇率萬物可以綱維陰陽

可以探賾古今可以統貫幽明可以變通惜乎天不慭遺不獲盡見行事大被斯世僅足存者唯文録傳習録居夷集而已其餘或散亡及傳寫訛錯撫卷泫然豈勝斯文之慨乃與歐崇一錢洪甫黄正之率一二子姪檢粹而編訂之曰陽明先生存稿庶傳之四方垂之來世使有志之士知所用心則先生之學之道爲不亡矣

嘉靖癸巳秋九月望日通議大夫禮部右侍郎前詹事府詹事兼翰林院侍讀學士同修

國典

經筵講官門生赤城黄綰識

陽明先生文録卷之一

書一　始正德己巳至庚辰

與辰中諸生　己巳

謫居兩年無可與語者歸途乃得諸友何幸何幸方以爲喜又遽爾别去極怏怏也絶學之餘求道者少一齊衆楚最易揺奪自非豪傑鮮有卓然不變者諸友宜相砥礪夾持務期有成近世士夫亦有稍知求道者皆因實德未成而先揭標榜以來世俗之謗是以徃徃隳墮無立反爲斯道之梗諸友宜以是爲鑒刋落聲華務於切己處着實用力前在寺中所云静

坐事非欲坐禪入定蓋因吾輩平日爲事物紛拏未知爲巳欲以此補小學收放心一段功夫耳明道云纔學便須知有著力處既學便須知有得力處諸友宜於此處着力方有進步異時始有得力處也學要鞭辟近裏着巳君子之道闇然而日章爲名與爲利雖清濁不同然其利心則一謙受益不求異於人而求同於理此數語宜書之壁間常目在之舉業不患妨功惟患奪志只如前日所約循循爲之亦自兩無相礙所謂知得則洒掃應對便是精義入神也

荅徐成之書 辛未

汝華相見於逆旅聞成之啓居甚悉然無因一面徒
增悒怏吾鄉學者幾人求其篤信好學如吾成之者
誰歟求其喜聞過忠告善道如吾成之者誰歟過而
莫吾告也學而莫吾與也非吾成之之思而誰思歟
嗟吾成之幸自愛重自人之失其所好仁之難成也
久矣向吾成之在鄉黨中刻厲自立衆皆非笑以爲
迂腐成之不爲少變僕時雖稍知愛敬不從衆非笑
然尚未知成之之難得如此也今知成之之難得則
又不獲朝夕相與豈非大可憾歟修巳治人本無二
道政事雖劇亦皆學問之地諒吾成之隨在有得然

何從一聞至論以洗凡近之見乎愛莫爲助近爲成之思進學之功微覺過苦先儒所謂志道懇切固是誠意然急迫求之則反爲私己不可不察也日用間何莫非天理流行但此心常存而不放則義理自熟孟子所謂勿忘勿助深造自得者矣學問之功何可緩但恐著意把持振作縱復有得居之恐不能安耳成之之學想亦正不如此以僕所見微覺其有近似者是以不敢不盡亦以成之平日之樂聞且欲以是求教也

二 壬申

承以朱陸同異見詢學術不明於世久矣此正吾儕今日之所宜明辨者細觀來教則輿庵之主象山既失而吾兄之主晦庵亦未爲得也是朱非陸天下之論定久矣久則難變也雖微吾兄之爭輿庵亦豈能遽行其說乎故僕以爲二兄今日之論正不必求勝務求象山之所以非晦庵之所以是窮本極源眞有以見其幾微得失於毫忽之間若明者之聽訟其事之曲者既有以辨其情之不得已而辭之直者復有以察其處之或未當使受罪者得以伸其情而獲伸者亦有所不得辭其責則有以盡夫事理之公即夫

人心之安而可以俟聖人於百世矣今二兄之論乃
若出於求勝者求勝則是動於氣也動於氣則於義
理之正何啻千里而又何是非之論乎凡論古人得
失決不可以意度而懸斷之今輿庵之論象山曰雖
其專以尊德性爲主未免墮於禪學之虛空而其持
守端實終不失爲聖人之徒若晦庵之一於道問學
則支離決裂非復聖門誠意正心之學矣吾兄之論
晦庵曰雖其專以道問學爲主未免失於俗學之支
離而其循序漸進終不背於大學之訓若象山之一
於尊德性則虛無寂滅非復大學格物致知之學矣

夫既曰尊德性則不可謂墮於禪學之虛空墮於禪學之虛空則不可謂之尊德性矣既曰道問學則不可謂失於俗學之支離失於俗學之支離則不可謂道問學矣二者之辨間不容髮然則二兄之論皆未免於億度也昔者子思之論學蓋不下千百言而括之以尊德性而道問學之一語即如二兄之辨一以尊德性爲主一以道問學爲事則是二者固皆未免於一偏而是非之論尚未有所定也烏得各持一是而遽以相非爲乎故僕願二兄置心於公平正大之地無務求勝夫論學而務以求勝豈所謂尊德性乎

豈所謂道問學乎以某所見非獨吾兄之非象山與庵之非晦庵皆失之非而吾兄之是晦庵與庵之是象山亦皆未得其所以是也稍暇當面悉姑務養心息辨毋遽

三 壬申

昨所奉答適有遠客酬對紛紜不暇細論姑願二兄息未定之爭各反究其所是者必凡所是已無絲髮之憾而後可以及人之非早來承教乃謂僕漫爲含糊兩解之說而細繹辭旨若有以陰助輿庵而爲之地者讀之不覺失笑曾謂吾兄而亦有是言耶僕嘗

以爲君子論事當先去其有我之私一動於有我則此心已陷於邪僻雖所論盡合於理既已亡其本矣嘗以是言於朋友之間今吾兄乃云爾敢不自反其殆陷於邪僻而弗覺也求之反復而昨者所論實未嘗有是則斯言也無乃吾兄之過歟雖然無是心而言之未盡於理未得爲無過也僕敢自謂其言之已盡於理乎請舉二兄之所是者以求正輿菴是象山而謂其專以尊德性爲主今觀象山文集所載未嘗不教其徒讀書窮理而自謂理會文字頗與人異者則其意實欲體之於身其亟所稱述以誨人者曰居

處恭執事敬與人忠曰克己復禮曰萬物皆備於我反身而誠樂莫大焉曰學問之道無他求其放心而已曰先立乎其大者而小者不能奪是數言者孔子孟軻之言也烏在其爲空虛者乎獨其易簡覺悟之說頗爲當時所疑然易簡之說出於繫辭覺悟之說雖有同於釋氏然釋氏之說亦自有同於吾儒而不害其爲異者惟在於幾微毫忽之間而已亦何必諱於其同而遂不敢以言狃於其異而遂不以察之乎是輿菴之是象山固猶未盡其所以是也吾兄是晦菴而謂其專以道問學爲事然晦菴之言曰居敬窮

理曰非存心無以致知曰君子之心常存敬畏雖不見聞亦不敢忽所以存天理之本然而不使離於須臾之頃也是其爲言雖未盡瑩亦何嘗不以尊德性爲事而又烏在其爲支離者乎獨其平日汲汲於訓解雖韓文楚辭陰符參同之屬亦必與之註釋考辨而論者遂疑其玩物又其心慮恐學者之躐等而或失之於妄作使必先之以格致而無不明然後有自以實之於誠正而無所繆世之學者掛一漏萬求之愈繁而失之愈遠至有弊力終身苦其難而卒無所入而遂議其支離不知此乃後世學者之弊而當時

晦庵之自爲則亦豈至是乎是吾兄之是晦庵固猶未盡其所以是也夫二兄之所信而是者旣未盡其所以是則其所疑而非者亦豈必盡其所以非乎然而二兄往復之辨不能一反焉此僕之所以疑其或出於求勝也一有求勝之心則已亡其學問之本而又何以論學爲哉此僕之所以惟願二兄之自反也安有所謂含糊兩解而陰爲輿庵之地者哉夫君子之論學要在得之於心衆皆以爲是苟求之心而未會焉未敢以爲是也衆皆以爲非苟求之心而有契焉未敢以爲非也心也者吾所得於天之理也無間

於天人無分於古今苟盡吾心以求焉則不中不遠矣學也者求以盡吾心也是故尊德性而道問學尊者尊此者也道者道此者也不得於心而惟外信於人以爲學烏在其爲學也已僕嘗以爲晦庵之與象山雖其所爲學者若有不同而要皆不失爲聖人之徒今晦庵之學天下之人童而習之既已入人之深有不容於論辨者而獨惟象山之學則以其嘗與晦庵之有言而遂藩籬之使若由賜之殊科焉則可矣而遂擯放廢斥若碔砆之與美玉則豈不過甚矣乎夫晦庵折衷群儒之說以發明六經語孟之旨於天

下其嘉惠後學之心真有不可得而議者而象山辨義利之分立大本求放心以示後學篤實爲己之道其功亦寧可得而盡誣之而世之儒者附和雷同不究其實而槩目之以禪學則誠可冤也已故僕嘗欲冒天下之譏以爲象山一暴其說雖以此得罪無恨僕於晦庵亦有罔極之恩豈欲操戈而入室者顧晦庵之學既已若日星之章明於天下而象山獨蒙無實之誣于今且四百年莫有爲之一洗者使晦庵有知將亦不能一日而安享於廟廡之間矣此僕之至情終亦必爲吾兄一吐者亦何肯漫爲兩解之說以

陰助於輿菴輿與菴之說僕猶恨其有未盡也夫學術者今古聖賢之學術天下之所公共非吾三人者所私有也天下之學術當爲天下公言之而豈獨爲輿菴地哉兄又舉太極之辨以爲象山於文義且有所未能通曉而其強辨自信曾何有於所養夫謂其文義之有未詳不害其爲有未詳也謂其所養之未至不害其爲未至也學未至於聖人寧免太過不及之差乎而論者遂欲以是而蓋之則吾恐晦菴禪學之譏亦未免有激於不平也夫一則不審於文義一則有激於不平是皆所養之未至昔孔子大聖也而猶

而

曰假我數年以學易可以無大過仲虺之贊成湯亦惟曰改過不吝而已所養之未至亦何傷於二先生之爲賢乎此正晦菴象山之氣象所以未及於顏子明道者在此吾儕正當仰其所以不可及而默識其所未至者以爲涵養規切之方不當置偏私於其間而有所附會增損之也夫君子之過也如日月之食人皆見之更也人皆仰之小人之過也必文世之學者以晦菴大儒不宜復有所謂過者而必曲爲隱飾增加務詆象山於禪學以求伸其說且自以爲有功於晦菴而更相倡引謂之扶持正論不知晦菴乃

君子之過而吾反以小人之見而文之晦庵有聞過則喜之美而吾乃非徒順之又從而爲之辭也晦庵之心以聖賢君子之學期後代而世之儒者事之以事小人之禮是何誣象山之厚而待晦庵之薄邪僕今者之論非獨爲象山惜實爲晦庵惜也兄視僕平日於晦庵何如哉而乃有是論是亦可以諒其爲心矣惟吾兄去世俗之見宏虚受之咸勿求其必同而察其所以異勿以無過爲聖賢之高而以改過爲聖賢之學勿以其有所未至者爲聖賢之諱而以其常懷不滿者爲聖賢之心則兄與輿庵之論將有不待

辨說而釋然以自解者孟子云君子亦仁而已何必同惟吾兄審擇而正之

答黃宗賢應原忠　辛未

昨晚言似太多然遇二君亦不得不多耳其間以造詣未熟言之未瑩則有之然卻自是吾儕一段的實工夫思之未合請勿輕放過當有豁然處也聖人之心纖翳自無所容自不消磨刮若常人之心如斑垢駁雜之鏡須痛加刮磨一番盡去其駁蝕然後纖塵即見纔拂便去亦自不消費力到此已是識得仁體矣若駁雜未去其間固自有一點明處塵埃之落固

亦見得亦纔拂便去至於堆積於駁蝕之上終弗之能見也此學利困勉之所由異幸弗以爲煩難而疑之也凡人情好易而惡難其間亦自有私意氣習纏蔽在識破後自然不見其難矣古之人至有出萬死而樂爲之者亦見得耳向時未見得向裏面意思此工夫自無可講處今已見此一層卻恐好易惡難便流入禪釋去也昨論儒釋之異明道所謂敬以直內則有之義以方外則未畢竟連敬以直內亦不是者已説到八九分矣

荅汪石潭內翰 辛未

承批教連日瘡甚不能書未暇請益求教云昨日所論乃是一大疑難又云此事關係頗大不敢不言僕意亦以爲然是以不能遽已夫喜怒哀樂情也旣曰不可謂未發矣喜怒哀樂之未發則是指其本體而言性也斯言自子思非程子始有執事旣不以爲然則當自子思中庸始矣喜怒哀樂之與思與知覺皆心之所發心統性情性心體也情心用也程子云心一也有指體而言者寂然不動是也有指用而言者感而遂通是也斯言旣無以加矣執事姑求之體用之說夫體用一源也知體之所以爲用則知用之

所以爲體者矣雖然體微而難知也用顯而易見也執事之云不亦宜乎夫謂自朝至暮未嘗有寂然不動之時者是見其用而不得其所謂體也君子之於學也因用以求其體凡程子所謂既思即是已發既有知覺即是動者皆爲求中於喜怒哀樂未發之時者言也非謂其無未發者也朱子於未發之說其始亦嘗疑之今其集中所與南軒論難辯析者蓋往復數十而後決其說則今之中庸註疏是也其於此亦非苟矣獨其所謂自戒懼而約之以至於至靜之中自謹獨而精之以至於應物之處者亦若過於剖析

而後之讀者遂爾分爲兩節而疑其別有寂然不動靜而存養之時不知常存戒慎恐懼之心則其工夫未始有一息之間非必自其不睹不聞而存養也吾兄且於動處加工勿使間斷動無不和即靜無不中而所謂寂然不動之體當自知之矣未至而揣度之終不免於對塔說相輪耳然朱子但有知覺者在而未有知覺之說則亦未瑩吾兄疑之蓋亦有見但其所以疑之者則有因噎廢食之過不可以不審也君子之論苟有以異於古姑毋以爲決然宜且循其說而究之極其說而果有不達也然後從而斷之是以

其辯之也明而析之也當蓋在我者有以得其情也令學如吾兄聰明超特如吾兄深潛縝密如吾兄而猶有未悉如此何邪吾兄之心非若世之立異自高者要在求其是而已故敢言之無諱有所未盡不惜教論不有益於兄必有益於我也

寄諸用明　辛未

得書足知邇來學力之長甚喜君子惟患學業之不修科第遲速所不論也況吾平日所望於賢弟固有大於此者不識亦嘗有意於此否耶便中待報知之階陽諸姪聞去歲皆出投試非不喜其年少有志然

私心竊不以爲然不幸遂至於得志豈不誤却此生耶凡後生美質須令晦養厚積天道不翕聚則不能發散況人乎花之千葉者無實爲其華美太發露耳諸賢姪不以吾言爲迂便當有進步處矣書來勸吾仕吾亦非潔身者所以汲汲於是非獨以時當歛晦亦以吾學未成歲月不待再過數年精神益弊雖欲勉進而有所不能則將終於無成此吾所以勢有不容已也但老祖而下意皆不悅令亦豈能決然行之徒付之浩嘆而已

荅王虎谷　辛未

承示别後看得一性字親切孟子云盡其心者知其性也知其性則知天矣此吾道之幸也喜慰何可言弘毅之說極是但云既不可以棄去又不可以滅輕既不可以佳歇又不可以不至則是猶有不得已之意也不得已之意與自有不能已者尚隔一層程子云知之而至則循理爲樂不循理爲不樂自有不能已者循理爲樂者也非眞能知性者未易及此知性則知仁矣仁人心也心體本自弘毅不弘者蔽之也不毅者累之也故燭理明則私欲自不能蔽累私欲不能蔽累則自無不弘毅矣弘非有所擴而大之也

毅非有所作而強之也蓋本分之内不加毫末焉曾子弘毅之說爲學者言故曰不可以不弘毅此曾子窮理之本眞見仁體而後有是言學者徒知不可不弘毅不知窮理而惟擴而大之以爲弘作而強之以爲毅是亦出於一時意氣之私其去仁道尚遠也此寔公私義利之辨因執事之誨而并以請正

與黃宗賢書一　辛未

所喻皆近思切問足知爲功之審也甚慰夫加諸我者我所不欲也無加諸人我所欲也出乎其心之所欲皆自然而然非有所强勿施於人則勉而後能此

仁恕之别也然恕求仁之方正吾儕之所有事也子路之勇而夫子未許其仁者好勇而無所取裁所勇未必皆出天理之公也事君而不避其難仁者不過如是然而不知食輒之禄爲非義則勇非其所宜勇不得爲仁矣然勇爲仁之資正吾儕之所尚欠也鄙見如此明者以爲何如不盡望更示

二　壬申

使至知近來有如許忙想亦因是大有得力處也僕到家即欲與曰仁成鴈蕩之約宗族親友相牽絆時刻弗能自由五月終決意往值烈暑阻者益衆且堅

復不果時與曰仁稍尋傍近諸小山其東南林巒最勝絶處與數友相期候宗賢一至即往又月餘曰仁憑限過甚乃翁督促勢不可復待乃從上虞入四明觀白水尋龍溪之源登杖錫至於雪竇上千丈巖以望天姥華頂若可睹焉欲遂從奉化取道至赤城適彼中多旱山田盡龜裂道傍人家徬徨望雨意慘然不樂遂自寧波買舟還餘姚往返亦半月餘相從諸友亦微有所得然無大發明其最所歎然宗賢不同茲行耳歸又半月曰仁行去使來時已十餘日思往時在京每悵不得還故山往返當益易乃今益難自

後精神意氣當日不遠前不知回視今日又何如也念之可嘆可懼畱居之說竟成虛約親友以曰仁既往催促日至滁陽之行難更遲遲亦不能出是月聞彼中山水頗佳勝事亦閒散宗賢有惜陰之念明春之期亦既後矣此間同往者後輩中亦三四人習氣已深雖有美質亦消化漸盡此事正如淘沙會有見金時但目下未可必得耳

三　癸酉

滁陽之行相從者亦二三子兼復山水清遠勝事閑曠誠有足樂者故人不忘久要果能乘興一來耶得

應元忠書誠如其言亦大可喜牽制文義自宋儒巳然不獨今時學者遂求脫然洗滌恐亦甚難但得漸能疑辯當亦終有覺悟矣自歸越後時時默念年來交遊益覺人才難得如元忠者豈易得哉京師諸友邇來畧無消息每因巳私難克輒爲諸友憂慮一番誠得相聚一堂早晚當有多少砥礪切磋之益然此在各人非可顧望得

四 癸酉

春初姜翁自天台來得書聞山間況味懸企之極且承結亭相待既感深誼復媿其未有以副也甘泉丁

乃堂夫人憂近有書來索銘不久且還增城道途遠絕草亭席虛相聚尚未有日僕雖相去伊邇而家累所牽遲遲未決所舉遂成北山之移文矣應原忠久不得音問想數會聚聞亦北上果然否此間往來極多友道則實寥落敦夫雖住近不甚講學純甫近改北驗封且行曰仁又公差未還宗賢之思靡日不切又得草堂報益使人神魂飛越若不能一日留此也如何如何去冬解冊吏到承欲與原忠來訪此誠千里命駕矣喜慰之極日切瞻望然又自度鄙劣不足以承此曰仁入夏當道越中來此其時得與共載何

樂如之

五 癸酉

書來及純甫事懇懇不一而足足知朋友忠愛之至世衰俗降友朋中雖平日㝡所愛敬者亦多改頭換面持兩端之說以希俗取容意思殊爲衰颯可憫若吾兄眞可謂信道之篤而執德之弘矣何幸何幸僕在留都與純甫住密邇或一月一見或間月不一見輒有所規切皆發於誠愛懇惻中心未嘗懷纖毫較計純甫或有所疎外此心直可質諸鬼神其後純甫轉官北上始覺其有恝然者尋亦痛自悔責以爲吾

人相與豈宜有如此芥蔕却是墮入世間較計坑陷中亦成何等胷次當亦氷消霧釋矣其後人言屢屢而至至有爲我憤辭厲色者僕皆惟以前意處之實是未忍一日而忘純甫蓋平日相愛之極情之所鍾自如此也旬月間復有相知自北京來備傳純甫所論僕竊疑有浮薄之徒幸吾黨間隙鼓弄交搆增飾其間未必盡出於純甫之口僕非矯爲此說實是故人情厚不忍以此相疑耳僕平日之厚純甫本非私厚縱純甫今日薄我當亦非私薄然則僕未嘗厚純甫純甫未嘗薄僕也亦何所容心於其間哉徃時見

世俗朋友易生嫌隙以爲彼蓋苟合於外而非有性
分之契是以如此私竊嘆憫自謂吾黨數人縱使散
處敵國仇家當亦斷不至是不謂今日亦有此等議
論此亦惟宜自反自責而已孟子云愛人不親反其
仁行有不得者皆反求諸己自非履涉親切應未識
斯言味永而意懇也僕近時與朋友論學惟說立誠
二字殺人須就咽喉上着刀吾人爲學當從心髓入
微處用力自然篤實光輝雖私欲之萌眞是洪爐點
雪天下之大本立矣若就標末粧綴比擬凡平日所
謂學問思辨者適足以爲長傲遂非之資自以爲進

於高明光大而不知陷於狠戾險嫉亦誠可哀也已以近事觀之益見得吾儕往時所論自是向裏此盖聖學的傳惜乎淪落堙埋已久往時見得猶自恍惚僕近來無所進只於此處看較分曉直是痛快無復可疑但與吾兄別久無告語處耳原忠數聚論否近嘗得渠一書所見適然與舊不同殊慰殊慰令亦寄一簡不能詳細見時望并出此歸計尚未遂旬月後且圖再舉會期未定臨楮耿耿

六 丙子

宅老數承遠來重以嘉貺相念之厚媿何以堪令兄

又辱書惠禮恭而意篤意家庭旦夕之論必於此學有相發明者是以波及於僕喜幸之餘媿何以堪别後工夫無因一扣如書中所云大畧知之用力習熟然後居山之説昔人嘗有此然亦須得其源吾輩通患正如池面浮萍隨開隨蔽未論江海但在活水浮萍卽不能蔽何者活水有源池水無源有源者由已無源者從物故凡不息者有源作輟者皆無源故耳

七　戊寅

得書見相念之厚所引一詩尤懇惻至情讀之旣感且媿幾欲涕下人生動多牽滯反不若他流外道之

脫然也柰何柰何近收甘泉書頗同此憾士風日偷素所目爲善類者亦皆雷同附和以學爲諱吾人尚栖栖未即逃避眞處堂之燕雀耳原忠聞且北上恐亦非其本心仕途如爛泥坑沒入其中鮮復易出吾今便是失脚樣子不可不鑒也承欲枉顧幸甚幸甚好事多阻恐亦未易如願努力圖之籠中病翼或能附冥鴻之末而歸未可知也

與王純甫書　壬申

別後有人自武城來云純甫始到家尊翁頗不喜歸計尚多牴牾始聞而惋然已而復大喜久之又有人

自南都來者云純甫已涖任上下多不相能始聞而惋然已而復大喜吾之惋然者世俗之私情所爲大喜者純甫當自知之吾安能小不忍於純甫不使動心忍性以大其所就乎譬之金之在冶經烈焰受鉗錘當此之時爲金者甚苦然自他人視之方喜金之益精煉而惟恐火力錘煆之不至既其出冶金亦自喜其挫折煆煉之有成矣其平日亦每有傲視行輩輕忽世故之心後雖稍知懲創亦惟支持抵塞於外而已及謫貴州三年百難備嘗然後能有所見始信孟氏生於憂患之言非欺我也嘗以爲君子素其位

而行不願乎其外素富貴行乎富貴素貧賤行乎貧賤素患難行乎患難故無入而不自得後之君子亦當素其位而學不願乎其外素富貴學處乎富貴素貧賤患難學處乎貧賤患難則亦可以無入而不自得向嘗爲純甫言之純甫深以爲然不審邇來用力郤如何耳近日相與講學者宗賢之外亦復數人每相聚輒嘆純甫之高明今復遭時磨勵若此其進益不可量純甫勉之汪景顔近亦出宰大名臨行請益某告以變化氣質居常無所見惟當利害經變故遭屈辱平時憤怒者到此能不憤怒憂惶失措者到此

能不憂惶失措始是能有得力處亦便是用力處天下事雖萬變吾所以應之不出乎喜怒哀樂四者此爲學之要而爲政亦在其中矣景顏聞之躍然如有所得也甘泉近有書來已卜居蕭山之湘湖去陽明洞方數十里耳書屋亦將落成聞之喜極誠得良友相聚會共進此道人間更復有何樂區區在外之榮辱得喪又足掛之齒牙間哉

二　癸酉

純甫所問辭則謙下而語意之間實自以爲是矣夫旣自以爲是則非求益之心矣吾初不欲答恐答之

亦無所入也故前書因發其端以俟明春渡江而悉
既而思之人生聚散無常純甫之自是益其心尚有
所惑而然亦非自知其非而又故爲自是以要我者
吾何可以遂已故復備舉其說以告純甫來書云學
以明善誠身固也但不知何者謂之善原從何處得
來今在何處其明之之功當何如入頭當何如與誠
身有先後次第否誠是誠箇甚的此等處細微曲折
儘欲扣求啓發而因獻所疑以自附於助我者反覆
此語則純甫近來得力處在此其受病處亦在此矣
純甫平日徒知存心知性而未嘗實加克治之功故

未能動靜合一而遇事輒有紛擾之患今乃能推究若此必已漸悟往日之墮空虛矣故曰純甫近來用功得力處在此然已失之支離外馳而不覺矣夫心主於身性具於心善原於性孟子之言性善是也善即吾之性無形體可指無方所可定夫豈自爲一物可從何處得來者乎故曰受病處亦在此純甫之意蓋未察夫聖門之實學而尚狃於後世之訓詁以爲事事物物各有至善必須從事事物物求箇至善而後謂之明善故有原從何處得來今在何處之語純甫之心殆亦疑我之或墮於空虛也故假是說以發

我之蔽吾亦非不知感純甫此意其實不然也夫在物爲理處物爲義在性爲善因所指而異其名實皆吾之心也心外無物心外無事心外無理心外無義心外無善吾心之處事物純乎理而無人僞之雜謂之善非在事物有定所之可求也處物爲義是吾心之得其宜也義非在外可襲而取也格者格此也致者致此也必曰事事物物上求箇至善是離而二之也伊川所云纔明彼即曉此是猶謂之二性無彼此理無彼此善無彼此也純甫所謂明之之功當何如入頭處當何如與誠身有先後次第否誠是誠箇甚

的且純甫之意必以明善自有明善之功誠身又有
誠身之功也若區區之意則以明善爲誠身之功也
夫誠者無妄之謂誠身之誠則欲其無妄之謂誠之
之功則明善是也故博學者學此也審問者問此也
愼思者思此也明辯者辯此也篤行者行此也皆所
以明善而爲誠之之功也故誠身有道明善者誠身
之道也不明乎善不誠乎身矣非明善之外别有所
謂誠身之功也誠身之始身猶未誠也故謂之明善
明善之極則身誠矣若謂自有明善之功又有誠身
之功是離而二之也難乎免於毫釐千里之謬矣其

間欲爲純甫言者尚多紙筆未能詳悉倘有未合不妨往復

三 甲戌

得曰仁書知純甫近來用功甚力可喜可喜學以明善誠身只兀兀守此昏昧雜擾之心却是坐禪入定非所謂必有事焉者矣聖門寧有是哉但其毫釐之差千里之謬非實地用功則亦不易辨別後世之學瑣屑支離正所謂採摘汲引其間亦寧無小補然終非積本求原之學句句是字字合然而終不可入堯舜之道也

四 甲戌

屢得汪叔憲書，又兩得純甫書，備悉相念之厚，感媿多矣。近又見與曰仁書，貶損益至，三復赧然。夫趨向同而論學或異，不害其爲同也；論學同而趨向或異，不害其爲異也。不能積誠反躬，而徒縢口說，此僕往年之罪，純甫何尤乎？因便布此，區區臨楮傾念無已。

寄希淵 壬申

所遇如此，希淵歸計良是，但稍傷急迫。若再遲二三月，托疾而行，彼此形迹泯然，既不激怒於人，亦不失已之介矣。聖賢處末世，待人應物，有時而委曲，其道未嘗不直也若已爲君子而使人爲小人亦非仁人忠恕惻怛之心希淵必以區區此說爲太周旋然道理實如此也區區叨厚禄有地方之責欲脱身潛逃固難若希淵所處自宜進退綽然今亦牽制若此乃知古人掛冠解綬其時亦不易値也

二 壬申

向得林蘇州書知希顔在蘇州其時守忠在山陰矣近張山陰來知希顔已還山陰矣而守忠又聞金華之出往歲希顔居鄉而守忠客祁今兹復爾二友之每每相違豈亦有數存焉邪爲仁由已固非他人所

能與而相觀砥礪之益則友誠不可一日無者外是子雖明德輩相去數十里決不能朝夕繼見希顏無亦有獨立無與之嘆歟曩評半圭誠然誠然方今山林枯槁之士要亦未可多得去之犇走聲利之場者則遠矣人品不齊聖賢亦因材成就孔門之教言人人殊後世儒者始有歸一之論然而成德達材者鮮又何居乎希顏試於此思之定以爲何如也

三 癸酉

希顏煢然在疚道遠無因一慰問友朋中多言希顏孝心純篤哀傷過節某素知希顏者宜爲終身之慕

毋徒毀傷爲也守忠來承手札諭及出處此見希顔

愛我之深他人無此也然此義亦惟希顔有之他人

無此也牽於世故未能即日引決爲愧爲怍然亦終

須如希顔所示耳患難憂苦莫非實學今雖倚廬意

思亦須有進向見季明德書觀其意向甚正但未及

與之細講耳學問之道無他求其放心而已盍一言

而足至其工夫節目則愈講而愈無窮者孔子猶曰

學之不講是吾憂也今世無志於學者無足言幸有

一二篤志之士又爲無師友之講明認氣作理冥悍

自信終身勤苦而卒無所得斯誠可哀矣讀禮之餘

與明德相論否幸以其所造者示知某無大知識亦非好爲人言者顧今之時人心陷溺已久得一善人惟恐其無成期與諸君共明此學固不以自任爲嫌而避之譬之婚姻聊爲諸君之媒妁而已鄉里後進中有可言者即與接引此本分内事勿謂不暇也樓居已完否糊口之出非得已然其間亦有説聞朋友中多欲希顔高尚不出就中亦須權其輕重使親老饘粥稍可繼則不必言高尚自不宜出不然郤恐正是私心不可不察也

四 巳卯

正月初二得家信祖母於去冬十月背棄痛割之極
際於職守無由歸遁今復愆踪若終不可得將遂爲
徑往之圖矣近得鄭子冲書聞與當事者頗相牴牾
希淵德性謙厚和平其於世間榮辱炎凉之故視之
何異飄風浮靄豈得尚有芥蔕於其中耶既而詢之
果然出於意料之外非賢者之所自取也雖然有人
於此其待我以横逆則君子必自反曰我必無禮自
反而有禮又自反曰我必不忠希淵克己之功日精
日切其肯遂自以爲忠乎往年區區謫官貴州横逆
之加無月無有迄今思之寔是動心忍性砥礪切磋

之地當時亦止搪塞排遣竟成空過甚可惜也聞教下士甚有興起者莆故文獻之區其士人素多根器令得希淵爲之師眞如時雨化之而已吾道幸甚近有責委不得已不久且入閩苟求了事或能乘便至莆一聞語不盡不盡

與戴子良 癸酉

汝成相見於滁知吾兄之質温然純粹者也今兹乃得其爲志蓋將從事於聖人之學不安於善人而已也何幸何幸有志者事竟成吾兄勉之學之不明已非一日皆由有志者少好德民之秉彛可謂盡無其

人乎然不能勝其私欲竟淪陷於習俗則亦無志而已故朋友之間有志者甚可喜然志之難立而易也則亦深可懼也吾兄以爲何如宗賢已南還相見且未有日京師友朋如貴同年陳佑卿顧惟賢其他如汪汝成梁仲用王舜卿蘇天秀皆嘗相見從事於此者其餘尚三四人吾兄與諸友處嘗自識之自古有志之士未有不求助於師友匆匆別來所欲爲吾兄言者百未及一沿途歆嘆雅意誠切怏怏相會未卜惟勇往直前以遂成此志是望

與胡伯忠 癸酉

某往在京雖極歡慕彼此以事未及從容一叙别去以爲憾期異時相遇決當盡意劇談一番耳昨未出京師即已預期彭城之會謂所未決於心在玆行矣及相見又復匆匆而别别又復以爲恨不知執事之心亦何如也君子與小人居決無苟同之理不幸勢窮理極而爲彼所中傷則安之而已處之未盡於道或過於疾惡或傷於憤激無益於事而致彼之怨恨讎毒則皆君子之過也昔人有言事之無害於義者從俗可也君子豈輕於從俗獨不以異俗爲心耳與惡人居如以朝衣朝冠坐於塗炭者伯夷之清也鄙

袒裼裸裎於我側彼焉能浼我哉柳下惠之和也君子以變化氣質爲學則惠之和似亦執事之所宜從者不以三公易其介彼固未嘗無伯夷之清也德輶如毛民鮮克舉之我儀圖之惟仲山甫舉之愛莫助之僕於執事之謂矣正人難得正學難明流俗難變直道難容臨書惘然如有所失言不盡意惟心亮

答王天宇書　甲戌

書來見平日爲學用功之槩深用喜慰今之時能稍有志聖賢之學已不可多見況又果能實用其力者是豈易得哉辱推擬過當誠有所不敢居然求善自

輔則鄙心實亦未嘗不切切也今乃又得吾天宇其爲喜幸可勝言哉厚意之及良不敢虚然又自嘆愛莫爲助聊就來諭商確一二天宇自謂有志而不能篤不知所謂志者果何如其不能篤者又誰也謂聖賢之學能靜可以制動不知若何而能靜靜與動有二心乎謂臨政行事之際把捉摸擬强之使歸於道固亦卒有所未能然造次顛沛必於是者不知如何其爲功謂開卷有得接賢人君子便自觸發不知所觸發者何物又賴二事而後觸發則二事之外所作何務當是之時所謂志者果何在也凡此數語非天

宇實用其力不能有然亦足以見講學之未明故尚有此耳或思之有得不厭寄示

二 甲戌

承書惠感感中間問學之意懇切有加於舊足知進於斯道也喜幸何如但其間猶有未盡區區之意者旣承不鄙何敢不竭然望詳察庶於斯道有所發明耳

來書云誠身以格物作讀不能無疑旣而細詢之希顏始悉其說

區區未嘗有誠身格物之說豈出於希顏邪鄙意但

謂君子之學以誠意爲主格物致知者誠意之功也猶饑者以求飽爲事飲食者求飽之事也希顏頗恐鄙意不應有此或恐一時言之未瑩耳幸更細講之

又云大學一書古人爲學次第朱先生謂窮理之極而後意誠其與所謂居敬窮理非存心無以致知者固相爲矛盾矣蓋居敬存心之說補於傳文而聖經所指直謂其窮理而后心正初學之士執經而不考傳其流之弊安得不至於支離邪

夫大學次第但言物格而后知至知至而後意誠若窮理之極而後意誠此則朱先生之說如此其間亦自

無大相矛盾但於大學本旨卻恐未盡合耳非存心無以致知此語不獨於大學未盡就於中庸尊德性而道問學之旨亦或有未盡然此等處言之甚長非面悉不可後之學者附會於補傳而不深考於經旨牽制於文義而不體認於身心是以往往失之支離而卒無所得恐非執經而不考傳之過也

又云不由窮理而遽加誠身之功恐誠非所誠適足以爲僞而已矣

此言甚善但不知誠身之功又何如作用耳幸體認之

又言譬之行道者如大都爲所歸宿之地猶所謂至善也行道者不辭險阻艱難決意向前猶存心也如使斯人不識大都所在而泛焉欲往其不南走越而北走吳幾希矣

此譬大畧皆是但以不辭險阻艱難決意向前別爲存心未免牽合之苦而不得其要耳夫不辭險阻艱難決意向前此正是誠意之意審如是則其所以問道途具資斧戒舟車皆有不容已者不然又安在其爲決意向前而亦安所前乎夫不識大都所在而泛焉欲往則亦欲往而已未嘗眞往也惟其欲往而未

嘗眞往是以道途之不問資斧之不具舟車之不戒若決意向前則眞往矣眞往者能如是乎此最工夫切要者以天宇之高明篤實而反求之自當不言而喻矣

又云格物之說昔人以扞去外物爲言矣扞去外物則此心存矣心存則所以致知者皆是爲己如此說郤是扞去外物爲一事致知又爲一事扞去外物之說亦未爲甚害然止捍禦於其外則亦未有拔去病根之意非所謂克己求仁之功矣區區格物之說亦不如此大學之所謂誠意即中庸之所謂誠

身也大學之所謂格物致知即中庸之所謂明善也博學審問慎思明辯篤行皆所謂明善而爲誠身之功也非明善之外别有所謂誠身之功也格物致知之外又豈别有所謂誠意之功乎書之所謂精一語之所謂博文約禮中庸之所謂尊德性而道問學皆若此而已是乃學問用功之要所謂毫釐之差千里之謬者也心之精微口莫能述亦豈筆端所能盡已喜榮擢北上有期矣倘能迂道江濱謀一夕之話庶幾能有所發明冗遽中不悉

寄李道夫 乙亥

此學不講久矣鄙人之見自謂於此頗有所明而聞者往往詆以爲異獨執事傾心相信確然不疑其爲喜慰何啻空谷之足音別後時聞士夫傳說近又徐曰仁自西江還益得備聞執事任道之勇執德之堅令人起躍奮迅士不可以不弘毅任重而道遠誠得弘毅如執事者二三人自足以爲天下倡彼依阿偃僂之徒雖多亦奚以爲哉幸甚幸甚比聞到郡之始即欲以此學爲教仁者之心自然若此僕誠甚爲執事喜然又甚爲執事憂也學絕道喪俗之陷溺如人在大海波濤中且須援之登岸然後可授之衣而與

之食若以衣食投之波濤中是適重其溺彼將不以爲德而反以爲尤矣故凡居今之時且須隨機接引因事啓沃寬心平氣以薰陶之俟其感發興起而後開之以其說是故爲力易而收效溥不然將有扞格不勝之患而且爲君子愛人之累不知尊意以爲何如耶病踈已再上尚未得報果遂此圖舟過嘉禾面話有日

與陸元靜書

書來知貴恙已平復甚喜書中勤勤問學惟恐失墜足知進修之志不怠又甚喜與時發揮斯道使來者

有所興起非吾子所望乎所問大學中庸註向嘗略
具草稿自以所養未純未免務外欲速之病尋已焚
毀近雖覺稍進意亦未敢便以爲至姑俟異日山中
與諸賢商量共成之故皆未有書其意旨大略則固
平日已爲清伯言之矣因是益加體認研究當自有
見汲汲求此恐猶未免舊日之病也博學之說向已
詳論今猶牽制若此何邪此亦恐是志不堅定爲世
習所撓之故使在我果無功利之心雖錢穀兵甲搬
柴運水何往而非實學何事而非天理況子史詩文
之類乎使在我尚存功利之心則雖日談道德仁義

亦只是功利之事況子史詩文之類乎一切屏絶之說是猶泥於舊習平日用功未有得力處故云爾請一洗俗見還復初志更思平日飲食養身之喻種樹栽培灌溉之喻自當釋然融解矣物有本末事有終始知所先後則近道矣吾子之言是猶未是終始本末之一致也是不循本末終始天然之序而欲以私意速成之也

二 戊寅

尚謙至聞元靜志堅信篤喜慰莫喻人在仕途如馬行淖田中縱復馳逸足起足陷其在駑下坐見淪沒

耳乃今得還故鄉此亦譬之小歇田塍若自此急尋平路可以直去康莊馳騁萬里不知到家工夫卻如何也自曰仁沒後吾道益孤致望元靜者亦不淺子夏聖門高弟曾子數其失則曰吾過矣吾離群而索居亦已久矣夫離群索居之在昔賢已不能無過況吾儕乎以元靜之英敏自應未即摧墮山間切磋砥礪還復幾人深造自得便間亦可寫寄否尚謙至此日有所進自去年十二月到今已八踰月尚未肯歸視其室非其志有所專宜不能聲音笑貌及此也區區兩疏辭乞尚未得報決意兩不允則三三不允則

五則六必得而後已若再一舉輒須三月二舉則又六七月矣計吾舟東抵吳越元靜之旆當已北指幽冀會晤未期如之何則可

與希顏台仲明德尚謙原靜　丁丑

聞諸友皆登第喜不自勝非爲諸友今日喜爲野夫異日山中得良伴喜也入仕之始意況未免搖動如縶在風中若非粘泥貼網恐自主張未得不知諸友却何如想平時工夫亦須有得力處耳野夫失脚落渡船未知何時得到彼岸且南贛事極多掣肘緣地連四省各有撫鎮乃今亦不過因仍度日自古未有

事權不一，而能有成者，吿病之興，雖動恐成虚文，未輕敢舉，欲俟地方稍靖。今又得諸友在，吾終有望矣。曰仁春來頗病，聞之極憂念。昨書來，欲與二三友去田霅上，因寄一詩，今録去，聊同此懷也。

與楊仕德薛尚謙　丁丑

即日已抵龍南，明日入巢，四路兵皆已如期並進，賊有必破之勢。某向在橫水，嘗寄書仕德云：破山中賊易，破心中賊難。區區翦除鼠竊，何足爲異？若諸賢掃蕩心腹之寇，以收廓清平定之功，此誠大丈夫不世之偉績。數日來諒已得必勝之策，捷奏有期矣，何喜

如之日乎美質誠可與共學此時計已發舟倘未行出此同致意解中事以累尚謙想不厭煩瑣小兒正憲猶望時賜督責

寄聞人邦英邦正　戊寅

昆季敏而好學吾家兩弟得以朝夕親資磨勵聞之甚喜得書備見向往之誠尤極浣慰家貧親老豈可不求禄仕求禄仕而不工舉業却是不盡人事而徒責天命無是理矣但能立志堅定隨事盡道不以得失動念則雖勉習舉業亦自無妨聖賢之學若是原無求爲聖賢之志雖不業舉日談道德亦只成就得

務外好高之病而已此昔人所以有不患妨功惟患奪志之說也夫謂之奪志則已有志可奪若尚未有可奪之志却又不可以不深思疑省而早圖之每念賢弟資質之美未嘗不切拳拳夫美質難得而易壞至道難聞而易失盛年難遇而易過習俗難革而易流昆玉勉之

二 戊寅

得書見昆季用志之不凡此固區區所深望者何幸何幸世俗之見豈足與論君子惟求其是而已仕非爲貧也而有時乎爲貧古之人皆用之吾何爲獨不

然然謂舉業與聖人之學相戾者非也程子云心苟不忘則雖應接俗事莫非實學無非道也而況於舉業乎謂舉業與聖人之學不相戾者亦非也程子云心苟忘之則雖終身由之只是俗事而況於舉業乎忘與不忘之間不能以髮要在深思默識所指謂不忘者果何事耶知此則知學矣賢弟精之熟之不使有毫釐之差千里之謬可也

寄尚謙 戊寅

沿途意思如何得無亦有走作否數年切磋只得立志辯義利若於此未有得力處却是平日所講盡成

虛語平日所見皆非實得不可以不猛省也經一蹶者長一智今日之失未必不爲後日之得但已落第二義須從第一義上着力一眞一切眞若這些子旣是更無討不是處矣此間朋友聚集漸衆比舊頗覺興起尚謙旣去仕德又往歐陽崇一病歸獨惟乾留此精神亦不足諸友中未有倚靠得者苦於接濟乏人耳乞休本至今未回未免坐待尚謙更靜養幾月若進步欠力更來火坑中乘涼如何

寄諸弟 戊寅

屢得弟輩書皆有悔悟奮發之意喜慰無盡但不知

弟輩果出於誠心乎亦謾爲之說云爾本心之明皎如白日無有有過而不自知者但患不能改耳一念改過當時即得本心人孰無過改之爲貴蘧伯玉大賢也惟曰欲寡其過而未能成湯孔子大聖也亦惟曰改過不吝可以無大過而已人皆曰人非堯舜安能無過此亦相沿之說未足以知堯舜之心若堯舜之心而自以爲無過即非所以爲聖人矣其相授受之言曰人心惟危道心惟微惟精惟一允執厥中彼其自以爲人心之惟危也則其心亦與人同耳危即過也惟其兢兢業業嘗加精一之功是以能允執厥

中而免於過古之聖賢時時自見已過而改之是以能無過非其心果與人異也戒慎不睹恐懼不聞者時時自見已過之功吾近來實見此學有用力處但爲平日習染深痼克治欠勇故切切預爲弟輩言之毋使亦如吾之習染既深而後克治之難也人方少時精神意氣既足鼓舞而身家之累尚未切心故用力頗易迨其漸長世累日深而精神意氣亦日漸以減然能汲汲奮志於學則猶尚可有爲至於四十五十即如下山之日漸以微滅不復可挽矣故孔子云四十五十而無聞焉斯亦不足畏也已又曰及其老

也血氣既衰戒之在得吾亦近來實見此病故亦切切預爲弟輩言之宜及時勉力毋使過時而徒悔也

與安之 己卯

聞安之肯向學不勝欣願得奮勵如此庶不負彼此相愛之情也留都時偶因饒舌遂致多口攻之者環四面取朱子晚年悔悟之說集爲定論聊藉以解紛耳門人輩近刻之雩都初聞甚不喜然士夫見之乃往往遂有開發者無意中得此一助亦頗省頰舌之勞近年篁墩諸公嘗有道一等編見者先懷黨同伐異之念故卒不能有入反激而怒今但取朱子所自

言者表章之不加一辭雖有褊心將無所施其怒矣尊意以爲何如耶聊往數冊有志向者一出指示之所須文字非不欲承命荒踈旣久無下筆處耳貧漢作事大難富人豈知之

答甘泉書　巳卯

旬日前楊士德人來領手教及答子莘書具悉造詣用功之詳喜躍何可言蓋自是而吾黨之學歸一矣此某之幸後學之幸也來簡勤勤訓責僕以久無請益此吾兄愛僕之厚僕之罪也此心同此理同苟知用力於此雖百慮殊途終歸一致不然雖字字而證

句句而求其始也毫釐其末也千里老兄造詣之深涵養之久僕何敢望至其向往直前以求必得乎此之志則有不約而契不求而合者其間所見時或不能無小異然吾兄既不屑屑於僕而僕亦不以汲汲於兄者正以志向既同如兩人同適京都雖所由之途間有迂直知其異日之歸終同耳向在龍江舟次亦嘗進其大學舊本及格物諸說兄時未以爲然而僕亦遂置不復強聒者知兄之不久自當釋然於此也乃今果獲所願喜躍何可言崑崙之源有時而伏流終必達於海也僕窶人也雖獲夜光之璧人將不

信必且以謂其爲妄爲僞金璧入於猗頓之室自此至寶得以昭明於天下僅亦免於遺璧之罪矣雖然是喻猶二也夜光之璧外求而得也此則於吾所固有無待於外也偶遺忘之耳未嘗遺忘也偶蒙翳之耳叔賢所進超卓海内諸友實罕其儔同處西樵又資麗澤所造可量乎僕年未半百而衰疾已如六七十翁日夜思歸陽明爲夕死之圖疏三上而未遂欲棄印長往以從大夫之後恐形迹大駭必俟允報則須冬盡春初乃可遂也一一世事如狂風驟雨中落葉倏忽之間寧復有定所耶兩承楚人之誨此非骨肉

念不及此感刻祖毋益耄思一見老父亦書來促歸於是情思愈惡所幸吾兄道明德立宗盟有人用此可以自慰其諸所欲請仕德能有述有所未嘗便間不惜指示

二 庚辰

得正月書知大事已畢當亦稍慰純孝之思矣近聞避地髮復塚下進德修業善類幸甚傳聞貴邑盜勢方張果爾則遠去家室獨留曠寂之野恐亦未可長也某告病未遂今且甃告歸省去住亦未可必悠悠塵世畢竟作何税駕當亦時時念及幸以教之叔賢

志節遠出流俗渭先雖未久處一見知爲忠信之士乃聞不時一相見何耶英賢之生何幸同時共地人可虛度光陰容易失却此大幾會是使後人而復惜後人也二君曾各寄一書托宋以道轉致相見幸問之

答方叔賢書 己卯

近得手教及與甘泉往復兩書快讀一過洒然如熱者之濯清風何子之見超卓而速也眞可謂一日千里矣大學舊本之復功尤不小幸甚幸甚其論象山處舉孟子放心數條而甘泉以爲未足復舉東西南

北海有聖人出此心此理同及宇宙内事皆巳分内事數語甘泉所舉誠得其大然吾獨愛西樵子之近而切也見其大者則其功不得不近而切然非實加切近之功則所謂大者亦虛見而已耳自孟子道性善心性之原世儒徃徃能言然其學卒入於支離外索而不自覺者正以其功之未切耳此吾所以獨有喜於西樵之言固今時對症之藥也古人之學切實爲巳不徒事於講說書札徃來終不若靣語之能盡且易使人溺情於文辭崇浮氣而長勝心求其說之無病而不知其心病之已多矣此近世之通患賢知

者不免焉不可以不察也楊仕德去草草復此諸所欲言仕德能悉

與顧惟賢 庚辰

近得甘泉叔賢書知二君議論既合自此吾黨之學廓然同途無復疑矣所喻日來進修警省不懈尤足以慰渴望此間朋友亦頗有能奮起者但惟鄙人憂疾相仍精氣漸耗兼之淹滯風塵中未遂脫屣林下相與專心講習正如俳優場中奏雅雖復音調盡正終不免於劇戲乞休疏已四上聞 鑾輿且南幸以瘡疾蹔止徃返輒三四月此番倘得遂請亦須冬盡

春初矣

與陳國英　庚辰

别久矣雖彼此音問闊踈而消息動靜時時及聞國英天資篤厚加以静養日久其所造當必大異於疇昔惜無因一面叩之耳凡人之學不日進者必日退譬諸草木生意日滋則日益暢茂苟生意日息則亦日就衰落矣國英之於此學且十餘年矣其日益暢茂者乎其日就衰落者乎君子之學非有同志之友日相覩切則亦易以悠悠度日而無有乎激勵警發之益山中友朋亦有以此學日相講求者乎孔子云

德之不修，學之不講，是吾憂也，而况於吾儕乎哉

復唐虞佐庚辰

承示詩二韻五章，語益工，興寄益無盡，深嘆多才。但不欲以是爲有道者稱頌耳。撤講慎擇之喻，愛我良多，深知感作。但區區之心亦自有不容已者。聖賢之道坦若大路，夫婦之愚可以與知，而後之論者忽近求遠，舍易圖難，遂使老師宿儒皆不敢輕議。故在今時，非獨其庸下者自分以爲不可爲，雖高明特達皆以此學爲長物，視之爲虚談贅説，亦許時矣。當此之時，苟有一念相尋於此，真所謂空谷足音，見似人者

喜矣況其章縫而來者寧不忻忻然以接之乎然要其間亦豈無濫竽假道之弊但在我不可以此意逆之亦將於此以求其眞者耳正如淘金於沙非不知沙之汰而去者且十九然亦未能即舍沙而別以淘金爲也孔子云與其進也不與其退也唯何甚孟子云君子之設科也來者不拒去者不追苟以是心至斯受之而已矣蓋不憤不啓者君子施教之方有教無類則其本心焉耳多病之軀重爲知己憂惓惓惠喻及此感愛何有窮已然區區之心亦不敢不爲知己一傾倒也行且會晤悉所未盡

答羅整菴少宰 庚辰

某頓首啓昨承教及大學發舟匆匆未能奉答曉來江行稍暇復取手教而讀之恐至贛後人事復紛沓先具其略以請來教云見道固難而體道尤難道誠未易明而學誠不可不講恐未可安於所見而遂以爲極則也幸甚幸甚何以得聞斯言乎其敢自以爲極則而安之乎正思就天下之有道以講明之耳而數年以來聞其說而非笑之者有矣詬訾之者有矣置之不足較量辨議之者有矣其肯遂以教我乎其肯遂以教我而反覆曉諭惻然惟恐不及救正之乎

然則天下之愛我者固莫有如執事之心深且至矣感激當何如哉夫德之不修學之不講孔子以爲憂而世之學者稍能傳習訓詁即皆自以爲知學不復有所謂講學之求可悲矣夫道必體而後見非已見道而後知體道之功也道必學而後明非外講學而復有所謂明道之事也然世之論學者有二有講之以身心者有講之以口耳者講之以口耳揣摸測度求之影響者也講之以身心行著習察實有諸已者也知此則知孔門之學矣來教謂某大學古本之復以人之爲學但當求之於內而程朱格物之說不免

求之於外遂去朱子之分章而削其所補之傳非敢然也學豈有內外乎大學古本乃孔門相傳舊本耳朱子疑其有所脫誤而改正補緝之在某則謂其本無脫誤悉從其舊而已矣失在於過信孔子則有之非故去朱子之分章而削其傳也夫學貴得之心求之於心而非也雖其也之出於孔子不敢以爲是也而況其未及孔子者乎求之於心而是也雖其言之出於庸常不敢以爲非也而況其出於孔子者乎且舊本之傳數千載矣今讀其文辭旣明白而可通論其功夫又易簡而可入亦何所按據而斷其此段之

必在於彼彼段之必在於此與此之如何而缺彼之
如何而誤而遂改正補緝之無乃重於背朱而輕於
叛孔巳乎來敎謂如必以學不資於外求但當反觀
內省以爲務則正心誠意四字亦何不盡之有何必
於入門之際便困以格物一段工夫也誠然誠然若
語其要則修身二字亦足矣何必又言正心正心二
字亦足矣何必又言誠意誠意二字亦足矣何必又
言致知又言格物惟其工夫之詳密而要之只是一
事此所以爲精一之學此正不可不思者也夫理無
內外性無內外故學無內外講習討論未嘗非內也

反觀内省未嘗遺外也夫謂學必資於外求是以已性爲有外也是義外也用智者也謂反觀内省爲求之於内是以已性爲有内也是有我也自私者也是皆不知性之無内外也故曰精義入神以致用也利用安身以崇德也性之德也合内外之道也此可以知格物之學矣格物者大學之實下手處徹首徹尾自始學至聖人只此工夫而已非但入門之際有此一段也夫正心誠意致知格物皆所以修身而格物者其所以用力日可見之地故格物者格其心之物也格其意之物也格其知之物也正心者正其物之

心也誠意者誠其物之意也致知者致其物之知也此豈有内外彼此之分哉理一而已以其理之凝聚而言則謂之性以其凝聚之主宰而言則謂之心以其主宰之發動而言則謂之意以其發動之明覺而言則謂之知以其明覺之感應而言則謂之物故就物而言謂之格就知而言謂之致就意而言謂之誠就心而言謂之正正者正此也誠者誠此也致者致此也格者格此也皆所謂窮理以盡性也天下無性外之理無性外之物學之不明皆由世之儒者認理爲外認物爲外而不知義外之説孟子蓋嘗闢之乃

至褻階其內而不免豈非亦有似是而難明者歟不可以不察也凡執事所以致疑於格物之說者必謂其是內而非外也必謂其專事於反觀內省之爲而遺棄其講習討論之功也必謂其一意於綱領本原之約而脫略於支條節目之詳也必謂其沉溺於枯槁虛寂之偏而不盡於物理人事之變也審如是豈但獲罪於聖門獲罪於朱子是邪說誣民叛道亂正人得而誅之也而況於執事之正直哉審如是世之稍明訓詁聞先哲之緒論者皆知其非也而況執事之高明哉凡某之所謂格物其於朱子九條之說皆

包羅統括於其中但爲之有要作用不同正所謂毫釐之差耳然毫釐之差而千里之繆實起於此不可不辨孟子闢楊墨至於無父無君二子亦當時之賢者使與孟子並世而生未必不以之爲賢墨子兼愛行仁而過耳楊子爲我行義而過耳此其爲說亦豈滅理亂常之甚而足以眩天下哉而其流之弊孟子至比於禽獸夷狄所謂以學術殺天下後世也今世學術之弊其謂之學仁而過者乎謂之學義而過者乎抑謂之學不仁不義而過者乎吾不知其於洪水猛獸何如也孟子云予豈好辨哉予不得已也楊墨

之道塞天下孟子之時天下之尊信楊墨當不下於今日之崇尚朱說而孟子獨以一人呶呶於其間噫可哀矣韓氏云佛老之害甚於楊墨韓愈之賢不及孟子孟子不能救之於未壞之先而韓愈乃欲全之於已壞之後其亦不量其力且見其身之危莫之救以死也嗚呼若某者其尤不量其力果見其身之危莫之救以死也矣夫衆方嘻嘻之中而獨出涕嗟若舉世恬然以趨而獨疾首蹙額以爲憂此其非病狂喪心殆必誠有大苦者隱於其中而非天下之至仁其孰能察之其爲朱子晚年定論蓋亦不得已而然

中間年歲早晚誠有所未考雖不必盡出於晚年固多出於晚年者矣然大意在委曲調停以明此學爲重平生於朱子之說如神明蓍龜一旦與之背馳心誠有所未忍故不得已而爲此知我者謂我心憂不知我者謂我何求蓋不忍牴牾朱子者其本心也不得已而與之牴牾者道固如是不直則道不見也執事所謂决與朱子異者僕敢自欺其心哉夫道天下之公道也學天下之公學也非朱子可得而私也非孔子可得而私也天下之公也公言之而已矣故言之而是雖異於己乃益於己也言之而非雖同於己

適損於已也益於已者已必喜之損於已者已必惡之然則某今日之論雖或於朱子異未必非其所喜也君子之過如日月之食其更也人皆仰之而小人之過也必文某雖不肖固不敢以小人之心事朱子也執事所以教反覆數百言皆以未悉鄙人格物之說若鄙說一明則此數百言皆可以不待辯說而釋然無滯故今不敢縷縷以滋瑣屑之瀆然鄙說非面陳口析斷亦未能了了於紙筆間也嗟乎執事所以開導啓迪於我者可謂懇到詳切矣人之愛我寧有如執事者乎僕雖甚愚下寧不知所感刻佩服然而

不敢遽舍其中心之誠然而姑以聽受云者正不敢
有負於深愛亦思有以報之耳秋盡東還必求一面
以卒所請千萬終教

陽明先生文録卷之一

陽明先生文録卷之二

書二 始正德辛巳 至嘉靖乙酉

與夏敦夫 辛巳

不相見者幾時每念吾兄忠信篤厚之資學得其要斷能一日千里惜無因亟會親睹其所謂歷塊過都者以爲快耳昔夫子謂子貢曰賜也汝以予爲多學而識之者與對曰然非與子曰非也予一以貫之然則聖人之學乃不有要乎彼釋氏之外人倫遺物理而墮於空寂者固不得謂之明其心矣若世儒之外務講求考索而不知本諸其心者其亦可以謂窮理

乎此區區之心深欲就正於有道者因便輒及之幸有以教我也區區兩年來血氣亦漸衰無復用世之志近始奉　勅北上將遂便道歸省老親爲終養之圖矣冗次不盡所懷

與朱守忠　辛巳

作別忽旬餘沿途人事擾擾每得稍暇或遇景感觸輒復興懷齋諸官來承手札知警省不懈幸甚幸甚此意不忘即是時時相見雖別非別矣道之不明皆由吾輩明之於口而不明之於身是以徒騰頰舌未能不言而信要在立誠而已向日謙虛之說其病端

亦起於不誠使能如好好色如惡惡臭亦安有不謙不慊時邪虞佐相愛之情甚厚別後益見其眞切所恨愛莫爲助但願渠實落做箇聖賢以此爲報而已相見時以此意規之謙之當已不可畱國裳亦時時相見否學問之益莫大於朋友切磋聚會不厭頻數也明日當發玉山到家漸可計日但與守忠相去益遠臨紙悵然

與席元山　辛巳

向承教札及鳴冤録讀之見別後學力所到卓然斯道之任庶幾乎天下非之而不顧非獨與世之附和

雷同從人悲笑者相去萬萬而巳喜幸何極中間乃有須面論者但恨無因一會近聞内臺之擢决知必從鉛山取道而僕亦有歸省之便庶得停舟途次爲信宿之談使人候於分水乃未有前驅之報駐信城者五日悵怏而去天之不假緣也可如何哉大抵此學之不明皆由吾人入耳出口未嘗誠諸其身譬之談飲説食何由得見醉飽之實乎僕自近年來始實見得此學眞有百世以俟聖人而不惑者朋友之中亦漸有三數輩篤信不回其疑信相半顧瞻不定者多以舊説沈痼且有得失毀譽之虞未能專心致志

以聽亦坐相處不久或交臂而別無從與之細説耳象山之學簡易直截孟子之後一人其學問思辨致知格物之説雖亦未免沿襲之累然其大本大原斷非餘子所及也執事素能深信其學此亦不可不察正如求精金者必務煅煉足色勿使有纖毫之雜然後可無虧損變動蓋是非之懸絶所爭毫釐耳用熈近聞已赴京知公故舊之情極厚倘猶未出亦勸之學問而已存心養性之外無別學也相見時亦望遂以此言致之

答甘泉　辛巳

世傑來承示學庸測喜幸喜幸中間極有發明處但於鄙見尚大同小異耳隨處體認天理是真實不誑語鄙說初亦如是及根究老兄命意發端處卻似有毫釐未協然亦終當殊途同歸也修齊治平總是格物但欲如此節節分疏亦覺說話太多且語意務爲簡古比之本文反更深晦讀者愈難尋求此中不無亦有心病莫若明白淺易其詞略指路徑使人自思得之更覺意味深長也高明以爲何如致知之說鄙見恐不可易亦望老兄更一致意便聞示知之此是聖學傳心之要於此既明其餘皆洞然矣意到懇切

處不得不直幸不罪其僭妄也叔賢大學洪範之說其用力已深一時恐難轉移此須面論始有可辯正耳會問先一及之去冬有方叟者過此傳示高文其人習於神仙之說謂之志於聖賢之學恐非其本心人便草草不盡

答倫彥式　辛巳

往歲仙舟過贛承不自滿足執禮謙而下問懇古所謂敏而好學於吾彥式見之別後連冗不及以時奉問極切馳想近令弟過省復承惠教志道之篤趨向之正勤惓有加淺薄何以當此悚息悚息諭及學無

靜根感物易動處事多悔即是三言尤見近時用工之實僕罔所知識何足以辱賢者之問大抵三言者病亦相因惟學而别求靜根故感物而懼其易動感物而懼其易動是故處事而多悔也心無動靜者也其靜也者以言其體也其動也者以言其用也故君子之學無間於動靜其靜也常覺而未嘗無也故常應其動也常定而未嘗有也故常寂常應常寂動靜皆有事焉是之謂集義集義故能無祇悔所謂動亦定靜亦定者也心一而已靜其體也而復求靜根焉是撓其體也動其用也而懼其易動焉是廢其用也故

求靜之心即動也惡動之心非靜也是之謂動亦動靜亦動將迎起伏相尋於無窮矣故循理之謂靜從欲之謂動欲也者非必聲色貨利外誘也有心之私皆欲也故循理焉雖酬酢萬變皆靜也濂溪所謂主靜無欲之謂也是謂集義者也從欲焉雖心齋坐忘亦動也告子之強制正助之欲也是外義者也雖然僕蓋從事於此而未之能焉聊爲賢者陳其所見云爾以爲何如便間示知之

與唐虞佐侍御　辛巳

相與兩年情日益厚意日益真此皆彼此所心喻不

以言謝者別後又承雄文追送稱許過情末又重以傳說之事所擬竝非其倫感怍何旣雖然故人之賜也敢不拜受果如是非獨進以有爲將退而隱於巖穴之下要亦不失其爲賢也已敢不拜賜昔人有言投我以木桃報之以瓊瑤今投我以瓊瑤矣我又何以報之報之以其所賜可乎說之言曰學於古訓乃有獲夫謂學於古訓者非謂其通於文辭講說於口耳之間義襲而取諸其外也獲也者得之於心之謂非外鑠也必如古訓而學其所學焉誠諸其身所謂默而成之不言而信乃爲有得也夫謂遜志務時敏

者非謂其飾情卑禮於其外汲汲於事功聲譽之間也其遜志也如地之下而無所不承也如海之虛而無所不納也其將敏也一於天德戒懼於不睹不聞如太和之運而不息也夫然百世以俟聖人而不惑溥博淵泉而時出之言而民莫不信行而民莫不悅施及蠻貊而道德流於無窮斯固說之所以爲說也以是爲報虞佐其能以卻我乎孟氏云責難之謂恭吾其敢以後世文章之士期虞佐乎顏氏云舜何人也予何人也虞佐其能不以說自期乎人還燈下草草爲謝相去益遠臨楮快悒

答方叔賢 辛巳

承示大學原知用心於此深密矣道一而已論其大本大原則六經四書無不可推之而同者又不特洪範之於大學而已此意亦僕平日於朋友中所常言者譬之草木其同者生意也其花實之疏密枝葉之高下亦欲盡比而同之吾恐化工不如是之雕刻也今吾兄方自喜以爲獨見新得銳意主張是說雖素蒙信愛如鄙人者一時論說當亦未能遽入且願吾兄以所見者實體諸身必將有疑果無疑必將有得果無得又必有見然後鄙說可得而進也學之不明

幾百年矣近幸同志如甘泉如吾兄者相與切磋講求頗有端緒而吾兄忽復牽滯文義若此吾又將誰望乎君子論學固惟是之從非以必同爲貴至於入門下手處則有不容於不辯者所謂毫釐之差千里之謬矣致知格物甘泉之說與僕尚微有異然不害其爲大同若吾兄之說似又與甘泉異矣相去遠恐辭不足以達意故言語直冒不復有所遜讓近與甘泉書亦道此當不以爲罪也

二　癸■

此學蓁蕪今幸吾儕復知講求於此固宜汲汲遑遑

弁心同志務履其實以身明道雖所入之塗稍異要其所志而同斯可矣不肖之謬劣已無足論若叔賢之於甘泉亦乃牽制於文義紛爭於辯說益重世人之惑以啓呶呶者之口斯誠不能無憾焉憂病中不能數奉問偶有所聞因講之去輒附此言無倫次渭先相見望併出此

與楊仕鳴　辛巳

差人來知令兄已於去冬安厝墓有宿草矣無由一哭所委誌銘既病且冗須朋友中相知深者一爲之始能有發耳諭及日用講求功夫只是各依自家良知

所及自去其障擴充以盡其本體不可遷就氣習以趨時好幸甚幸甚果如是方是致知格物方是明善誠身果如是德安得而不日新業安得而不富有謂每日自檢未有終日渾成片段者亦只是致知工夫間斷夫仁亦在乎熟之而已又云以此磨勘先輩文字同異工夫不合常生疑慮又何爲其然哉區區所論致知二字乃是孔門正法眼藏於此見得眞的直是建諸天地而不悖質諸鬼神而無疑考諸三王而不謬百世以俟聖人而不惑知此者方謂之知道得此者方謂之有德異此而學即謂之異端離此而說

即謂之邪說迷此而行即謂之冥行雖千魔萬怪眩

瞥變幻於前自當觸之而碎迎之而解如太陽一出

而鬼魅魍魎自無所逃其形矣尚何疑慮之有而何

異同之足惑乎所謂此學如立在空中四面皆無倚

靠萬事不容染着色色信他本來不容一毫增減若

涉些些安排着些些意思便不是合一工夫雖言或時有

未嘗亦是仕鳴見得處定可喜矣但須切實用力始

不落空若只如此說未免亦是議擬做象已後只做

得一箇美精魄的漢雖與近世格物者症候稍有不

同其爲病痛一而已矣詩文之習儒者雖亦不廢孔

子所謂有德者必有言也若着意安排組織未有不起於勝心者先輩號爲有志斯道而亦復如是亦只是習心未除耳仕鳴既知致知之説此等處自當一勘而破瞞他些子不得也

二 癸未

别後極想念向得尚謙書知仕鳴功夫日有所進殊慰所期大抵吾黨既知學問頭腦已不慮無下手處只恐客氣爲患不肯實致其良知耳後進中如柯生輩亦頗有力量可進只是客氣爲害亦不小行時嘗與痛説一番不知近來果能克去否書至來相見出

此共勉之前輩之於後進無不欲其入於善則其規切砥礪之間亦容有直情過當者却恐後學未易承當得起既不我德反以我爲仇者有矣往往無益而有損故莫若且就其力量之所可及者誘引奬勸之往時亦嘗與仕鳴論及此想能不忘也

三　癸未

前者是備錄區區之語或未盡區區之心此冊乃直述仕鳴所得反不失區區之見可見學貴乎自得也古人謂得意忘言學苟自得何以言爲乎若欲有所記劄以爲日後印證之資則直以己意之所得者書

之而已不必一一拘其言辭反有所不逮也中間詞語時有未瑩病中不暇細為點檢

與陸元靜　辛巳

齎奏人回得佳稿及手劄殊慰聞以多病之故將從事於養生區區往年蓋嘗弊力於此矣後乃知其不必如是始復一意於聖賢之學大抵養德養身只是一事元靜所云真我者果能戒謹不睹恐懼不聞而專志於是則神住氣住精住而仙家所謂長生久視之說亦在其中矣神仙之學與聖人異然其造端托始亦惟欲引人於道悟真篇後序中所謂黃老悲其

貪著乃以神仙之術漸次導之者元靜試取而觀之其微旨亦自可識自堯舜禹湯文武至於周公孔子其仁民愛物之心蓋無所不至苟有可以長生不死者亦何惜以示人如老子彭籛之徒乃其禀賦有若此者非可以學而至後世如白玉蟾丘長春之屬皆是彼學中所稱述以爲祖師者其得壽皆不過五六十則所謂長生之説當必有所指矣元靜氣弱多病但遺棄聲名清心寡慾一意聖賢如前所謂真我之説不宜輕信異道徒自惑亂聰明獘精勞神虚廢歲月久而不返將遂爲病狂喪心之人不難矣昔人謂

三折肱爲良醫區區非良醫蓋嘗三折肱者元靜其愼聽毋忽區區省親本閩部中已准覆但得　旨即當長遯山澤不久　朝廷旦大賚則元靜推封亦有日果能訪我於陽明之麓當能爲元靜決此大疑也

二　壬午

其不孝不忠延禍先人酷罰未敷致茲多口亦其宜然乃勞賢者觸冒忌諱爲之辯雪雅承道誼之愛深切懇至甚非不肖孤之所敢望也無辯止謗嘗聞昔人之教矣況今何止於是四方英傑以講學異同之故議論方興吾儕可勝辯乎惟當反求諸已苟其言

而是歟吾斯尚有所未信歟則當務求其是不得輒
是已而非人也使其言而非歟吾斯既已自信歟則
當益致其踐履之實以務求於自謙所謂默而成之
不言而信者也然則今日之多口孰非吾儕動心忍
性砥礪切磋之地乎且彼議論之興非必有所私怨
於我彼其爲説亦將自以爲衛夫道也况其説本自
出於先儒之緒論固各有所憑據而吾儕之言驟異
於昔反若鑿空杜撰者乃不知昔人之學本來如是
而流傳失眞先儒之論所以日益支離則亦由後學
沿習乖謬積漸所致彼既先横不信之念莫肯虚心

講究加以吾儕議論之間或爲勝心浮氣所乘未免過爲矯激則固宜其非笑而駭惑矣此吾儕之責未可專以罪彼爲也嗟乎吾儕今日之講學將求異其說於人邪亦求同其學於人邪將求以善而勝人邪亦求以善而養人邪知行合一之學吾儕但口說耳何嘗知行合一邪推尋所自則如不肖者爲罪尤重蓋在平時徒以口舌講解而未嘗體諸其身名浮於實行不掩言已未嘗實致其知而謂昔人致知之說有未盡如貧子之說金乃未免從人乞食諸君病於相信相愛之過好而不知其惡遂乃共成今日紛紛

之議皆不肖之罪也雖然昔之君子蓋有舉世非之而不顧千百世非之而不顧者亦求其是而已矣豈以一時毀譽而動其心邪惟其在我者有未盡則亦安可遂以人言爲盡非伊川晦菴之在當時尚不免於詆毀斥逐況在吾輩行有所未至則夫人之詆毀斥逐正其宜耳凡今爭辯學術之士亦必有志於學者也未可以其異已而遂有所疎外是非之心人皆有之彼其但蔽於積習故於吾說卒未易解就如諸君初聞鄙說時其間寧無非笑詆毀之者久而釋然以悟甚至反有激爲過當之論者矣又安知今日相

詆之力不爲異時相信之深者乎衰經哀苦中非論學時而道之興廢乃有不容於泯默者不覺叨叨至此言無倫次幸亮其心也致知之說向與惟濬及崇一諸友極論於江西近日楊仕鳴來過亦嘗一及頗爲詳悉今原忠宗賢二君復往諸君更相與細心體究一番當無餘蘊矣孟子云是非之心知也是非之心人皆有之即所謂良知也孰無是良知乎但不能致之耳易謂知至至之知至者知也至之者致知也此知行之所以一也近世格物致知之說只一知字尚未有下落若致字工夫全不曾道著矣此知行之

所以二也

三　甲申

來書云下手工夫覺此心無時寧靜妄心固動也照心亦動也心既恒動則無刻暫停也是有意於求寧靜是以愈不寧靜耳夫妄心則動也照心非動也恒照則恒動恒靜天地之所以恒久而不已也照心固照也妄心亦照也其爲物不貳則其生物不息有刻暫停則息矣非至誠無息之學矣

來書云良知亦有起處云云

此或聽之未審良知者心之本體即前所謂恒照者

也心之本體無起無不起雖妄念之發而良知未嘗不在但人不知存則有時而或放耳雖昏塞之極而良知未嘗不明但人不知察則有時而或蔽耳雖有時而或放其體實未嘗不在也存之而已耳雖有時而或蔽其體實未嘗不明也察之而已耳若謂良知亦有起處則是有時而不在也非其本體之謂矣

精一之精以理言精神之精以氣言理者氣之條理氣者理之運用無條理則不能運用無運用則亦無以見其所爲條理者矣精則精精則明精則一精則神精則誠一則精一則明一則神一則誠原非有二

事也但後世儒者之説與養生之説各滯於一偏是以不相爲用前日精一之論雖爲原靜愛養精神而發然而作聖之功寔亦不外是矣

來書云元神元氣元精必各有寄藏發生之處又有眞陰之精眞陽之氣云云

夫良知一也以其妙用而言謂之神以其流行而言謂之氣以其凝聚而言謂之精安可以形象方所求哉眞陰之精即眞陽之氣之母眞陽之氣即眞陰之精之父陰根陽陽根陰亦非有二也苟吾良知之説明則凡若此類皆可以不言而喻不然則如來書所

云三關七返九還之屬尚有無窮可疑者也

來書云良知心之本體即所謂性善也即未發之中也寂然不動之體也廓然太公也常人皆不能而必待於學耶中也寂也公也既以屬心之體則良知是矣今驗之於心知無不良而中寂太公實未有也豈良知復超然於體用之外乎

性無不善故知無不良良知即是未發之中即是廓然太公寂然不動之本體人人之所同具者也但不能不昏蔽於物欲故須學以去其昏蔽然於良知之本體初不能有加損於毫末也知無不良而中寂太

公未能全者是昏蔽之未盡去而存之未純耳體即良知之體用即良知之用寧復有超然於體用之外者乎

來書云周子曰主靜程子曰動亦定靜亦定先生曰定者心之本體是靜定也决非不睹不聞無思無爲之謂必常知常存常主於理之謂也夫常知常存常主於理明是動也已發也何以謂之靜何以謂之本體豈是靜定也又有以貫乎心之動靜者邪

理無動者也常知常存常主於理即不睹不聞無思

無爲之謂也不睹不聞無思無爲非槁木死灰之謂也睹聞思爲一於理而未嘗有所睹聞思爲即是動而未嘗動也所謂動亦定靜亦定體用一原者也

來書云此心未發之體其在已發之前乎其在已發之中而爲之主乎其無前後内外而渾然一體者乎今謂心之動靜者其主有事無事而言乎其主寂然感通而言乎其主循理從欲而言乎若以循理爲靜從欲爲動則於所謂動中有靜靜中有動動極而靜靜極而動者不可通矣若以有事而感通爲動無事而寂然爲靜則於所謂動而無動

靜而無靜者不可通矣若謂未發在已發之先靜而生動是至誠有息也聖人有復也又不可矣若謂未發在已發之中則不知未發已發俱當主靜乎抑未發爲靜而已發爲動乎抑未發已發俱無動無靜乎俱有動有靜乎幸教

未發之中即良知也無前後内外而渾然一體者也有事無事可以言動靜而良知無分於有事無事也寂然感通可以言動靜而良知無分於寂然感通也動靜者所遇之時心之本體固無分於動靜也理無動者也動即爲欲循理則雖酬酢萬變而未嘗動也

從欲則雖槁心一念而未嘗靜也動中有靜靜中有動又何疑乎有事而感通固可以言動然而寂然者未嘗有增也無事而寂然固可以言靜然感通者未嘗有減也動而無動靜而無靜又何疑乎無前後内外而渾然一體則至誠有息之疑不待解矣未發在已發之中而已發之中未嘗別有未發者在已發在未發之中而未發之中未嘗別有已發者存是未嘗無動靜而不可以動靜分者也凡觀古人言語在以意逆志而得其大旨若必拘滯於文義則靡有孑遺者是周果無遺民也周子靜極而動之説苟不善觀

亦未免有病蓋其意從太極動而生陽靜而生陰說來太極生生之理妙用無息而常體不易太極之生生即陰陽之生生就其生生之中指其妙用無息者而謂之動謂之陽之生非謂動而後生陽也就其生生之中指其常體不易者而謂之靜謂之陰之生非謂靜而後生陰也若果靜而後生陰動而後生陽則是陰陽動靜截然各自爲一物矣陰陽一氣也一氣屈伸而爲陰陽動靜一理也一理隱顯而爲動靜春夏可以爲陽爲動而未嘗無陰與靜也秋冬可以爲陰爲靜而未嘗無陽與動也春夏此不息秋冬此不

息皆可謂之陽謂之動也春夏此常體秋冬此常體皆可謂之陰謂之靜也自元會運世歲月日時以至刻杪忽微莫不皆然所謂動靜無端陰陽無始在知道者默而識之非可以言語窮也若只牽文泥句比擬倣像則所謂心從法華轉非是轉法華矣

來書云常試於心喜怒憂懼之感發也雖動氣之極而吾心良知一覺即罔然消沮或遏於初或制於中或悔於後然則良知常若居優閒無事之地而爲之主於喜怒憂懼若不與焉者何歟

知此則知未發之中寂然不動之體而有發而中節

之和感而遂通之妙矣然謂良知常若居於優閒無事之地語尚有病蓋良知雖不滯於喜怒憂懼而喜怒憂懼亦不外於良知也

來書云夫子昨以良知爲照心竊謂良知心之本體也照心人所用之功乃戒慎恐懼之心也猶思也而遂以戒慎恐懼爲良知何歟

能戒慎恐懼者是良知也

來書云先生又曰照心非動也豈以其循理而謂之靜歟妄心亦照也豈以其良知未嘗不在於其中未嘗不明於其中而視聽言動之不過則者皆

天理歟且既曰妄心則在妄心可謂之照而在照
心則謂之妄矣妄與息何異今假妄之照以續至
誠之無息竊所未明幸再啓蒙

照心非動者以其發於本體明覺之自然而未嘗有
所動也有所動即妄矣妄心亦照者以其本體明覺
之自然者未嘗不在於其中但有所動耳無所動即
照矣無妄無照非以妄爲照以照爲妄也照心爲照
妄心爲妄是猶有妄有照也有妄有照則猶二也貳
則息矣無妄無照則不貳不貳則不息矣

來書云養心以清心寡欲爲要夫清心寡欲作聖

之功畢矣然寡欲則心自清清心非舍棄人事而獨居求靜之謂也蓋欲使此心純乎天理而無一毫人欲之私耳今欲爲此之功而隨人欲生而克之則病根常在未免滅於東而生於西若欲剗刈洗蕩於衆欲未萌之先則又無所用其力徒使此心之不清且欲未萌而搜剔以求去之是猶引犬上堂而逐之也愈不可矣

必欲此心純乎天理而無一毫人欲之私此作聖之功也必欲此心純乎天理而無一毫人欲之私非防於未萌之先而克於方萌之際不能也防於未萌之

先而克於未萌之際此正中庸戒愼恐懼大學致知格物之功舍此之外無別功矣夫謂滅於東而生於西引犬上堂而逐之者是自私自利將迎意必之爲累而非克治洗蕩之爲患也今曰養生以清心寡欲爲要只養生二字便是自私自利將迎意必之根有此病根潛伏於中宜其有滅於東而生於西引犬上堂而逐之之患也

來書云佛氏於不思善不思惡時認本來面目於吾儒隨物而格之功不同吾儒於不思善不思惡時用致知之功則已涉於思善矣欲善惡不思而

心之良知清靜自在惟有寐方醒之時耳斯正孟子夜氣之說但於斯光景不能久倏忽之際思慮已生不知用功久者甚常寐初醒而思未起之時否乎今澄欲求寧靜愈不寧靜欲念無生則念愈生如之何而能使此心前念易滅後念不生良知獨顯而與造物遊乎

不思善不思惡時認本來面目此佛氏爲未識本來面目者設此方便本來面目即吾聖門所謂良知今既認得良知明白即已不消如此說矣隨物而格是致知之功即佛氏之常惺惺亦是常存他本來面目

耳體段工夫大略相似但佛氏有箇自私自利之心所以便有不同耳今欲善惡不思而心之良知清靜自在此便有自私自利將迎意必之心所以有不思善不思惡時用致知之功則已涉於思善之患孟子說夜氣亦只是爲失其良心之人指出箇良心萌動處使他從此培養將去今已知得良知明白常用致知之功即已不消說夜氣却是得兎後不知守兎而仍去守株兎將復失之矣欲求寧靜欲念無生此正是自私自利將迎意必之病是以念愈生而愈不寧靜良知只是一箇良知而善惡自辨更有何善何惡

可思良知之體本自寧靜今却又添一箇求寧靜本自生生今却又添一箇欲無生非獨聖門致知之功不如此雖佛氏之學亦未如此將迎意必也只是一念良知徹頭徹尾無始無終即是前念不滅後念不生今卻欲前念易滅而後念不生是佛氏所謂斷滅種性入於槁木死灰之謂矣

來書云佛氏又有常提念頭之說其猶孟子所謂必有事夫子所謂致良知之說乎其即常惺惺常記得常知得常存得者乎於是念頭提在之時而事至物來應之必有其道但恐此念頭提起時少

放下時多則工夫間斷耳且念頭放失多因私欲客氣之動而始忽然警醒而後提其放而未提之間心之昏雜多不自覺今欲日精日明常提不放以何道乎只此常提不放即全功乎抑於常提不放之中更宜加省克之功乎雖曰常提不放而不加戒懼克治之功恐私欲不去若加戒懼克治之功焉又爲思善之事而於本來面目又未達一間也如之何則可

戒懼克治即是常提不放之功即是必有事焉豈有兩事邪此節所問前一段已自說得分曉末後却是

自生迷惑說得支離及有本來面目未達一間之疑都是自私自利將迎意必之爲病去此病根自無此疑矣

來書云質美者明得盡查滓便渾化如何謂之明得盡如何而能便渾化

良知本來自明氣質不美者查滓多障蔽厚不易開明質美者查滓原少無多障蔽略加致知之功此良知便自瑩徹些少查滓如湯中浮雪如何能作障蔽此本不甚難曉原靜所以致疑於此想是因一明字不明白亦是稍有欲速之心向曾面論明善之義明

則誠矣，非若後儒所謂明善之淺也。

來書云：聰明睿知，果質乎？仁義禮智，果性乎？喜怒哀樂，果情乎？私欲客氣，果一物乎？二物乎？古之英才，若子房、仲舒、叔度、孔明、文中、韓、范諸公，德業表著，皆良知中所發也，而不得謂之聞道者，果何在乎？尚曰斯特生質之美耳，則生知安行者不愈於學知困勉者乎？愚意竊云，謂諸公見道偏則可，謂全無聞，則恐後儒崇尚記誦訓詁之過也。然乎否乎？

性一而已。仁義禮智，性之性也；聰明睿知，性之質也；

喜怒哀樂性之情也私欲客氣性之蔽也質有清濁故
情有過不及而蔽有淺深也私欲客氣一病兩痛非
二物也張黃諸葛及韓范諸公皆天質之美自多暗
合道妙雖未可盡謂之知學盡謂之聞道然亦自有
其學違道不遠者也使其聞學知道即伊傅周召矣
若文中子則又不可謂之不知學者其書雖多出於
其徒亦多有未是處然其大略則亦居然可見但今
相去遼遠無有的然憑證不可懸斷其所至矣夫良
知即是道良知之在人心不但聖賢雖常人亦無不
如此若無有物欲牽蔽但循着良知發用流行將去

卽無不是道，但在常人多爲物欲牽蔽，不能循得良知。如數公者，天質既自清明，自少物欲爲之牽蔽，則其良知之發用流行處，自然是多，自然違道不遠。學者學循此良知而已。謂之學知，只是知得專在學循良知。數公雖未知專在良知上用功，而或泛濫於多岐，疑迷於影響，是以或離或合而未純。若知得時，便是聖人矣。後儒嘗以數子者尚皆是氣質用事，未免於行不著、習不察，此亦未爲過論。但後儒之所謂著察者，亦是狃於聞見之狹，蔽於沿習之非，而依擬倣象於影響形迹之間，尚非聖門之所謂著察者也。則亦安得以己之昏昏而求人之昭昭也乎所謂生知安行知行二字亦就用功上說若是知行本體即是良知良能雖在困勉之人亦皆可謂之生知安行矣知行二字更宜精察

來書云昔周茂叔每令伯淳尋仲尼顏子樂處敢問是樂也與七情之樂同乎否乎若同則常人之一遂所欲皆能樂矣何必聖賢若別有真樂則聖賢之遇大憂大怒大驚大懼之事此樂亦在否乎且君子之心常存戒懼是蓋終身之憂也惡得樂澄平生多悶未嘗見真樂之趣今切願尋之

樂是心之本體雖不同於七情之樂而亦不外於七情之樂雖則聖賢別有眞樂而亦常人之所同有但常人有之而不自知反自求許多憂苦自加迷棄雖在憂苦迷棄之中而此樂又未嘗不存但一念開明反身而誠則即此而在矣每與原靜論無非此意而原靜尚有何道可得之問是猶未免於騎驢覓驢之蔽也

來書云大學以心有好樂忿懥憂患恐懼爲不得其正而程子亦謂聖人情順萬事而無情所謂有者傳習録中以病瘧譬之極精切矣若程子之言

則是聖人之情不生於心而生於物也何謂耶且事感而情應則是是非非可以就格事或未感時謂之有則未形也謂之無則病根在有無之間何以致吾知乎學務無情累雖輕而出儒入佛矣可乎

聖人致知之功至誠無息其良知之體皦如明鏡略無纖翳妍媸之來隨物見形而明鏡曾無留染所謂情順萬事而無情也無所住而生其心佛氏曾有是言未爲非也明鏡之應物妍者妍媸者媸一照而皆眞即是生其心處妍者妍媸者媸一過而不留即是

無所住處病瘧之喻誠已見其精切則此節所問可以釋然病瘧之人瘧雖未發而病根自在則亦安可以其瘧之未發而遂忘其服藥調理之功乎若必待瘧發而後服藥調理則既晚矣致知之功無間於有事無事而豈論於病之已發未發邪大抵原靜所疑前後雖若不一然皆起於自私自利將迎意必之爲祟此根一去則前後所疑自將冰消霧釋有不待於問辨者矣

四　甲申

惟乾之事將申而遂沒痛哉寃乎不如是無以明區

區罪惡之重至於貽累朋友不如是無以彰諸君之篤於友道痛哉冤乎不有諸君在則其身沒之後將莫知所在矣況有爲之衣衾棺殮者乎是則猶可以見惟乾平日爲善之報於大不幸之中而尚有可幸者存也嗚呼痛哉即欲爲之一洗自度事勢未能遽脫或必須進京俟到京日再與諸君商議而行之苟遂歸休終須一舉庶可少泄此痛耳其歸喪一事托王邦相爲之經理倘有不便須僕到京圖之未晚也行李倥傯中未暇悉所欲言千萬心照

答舒國用 癸未

來書足見爲學篤切之志學患不知要知要矣患無篤切之志國用既知其要又能立志篤切如此其進也孰禦中間所疑一二節皆工夫未熟而欲速助長之爲病耳以國用之所志向而去其欲速助長之心循循日進自當有至前所疑一二節自將渙然氷釋矣何俟於予言譬之飲食其味之美惡食者當自知之非人之能以其美惡告之也雖然國用所疑一二節者近時同志中往往皆有之然吾未嘗以告也今且姑爲國用一言之夫謂敬畏之增不能不爲灑落之累又謂敬畏爲有心如何可以無心而出於自然

不疑其所行凡此皆吾所謂欲速助長之爲病也夫君子之所謂敬畏者非有所恐懼憂患之謂也乃戒慎不睹恐懼不聞之謂耳君子之所謂灑落者非曠蕩放逸縱情肆意之謂也乃其心體不累於欲無入而不自得之謂耳夫心之本體即天理也天理之昭明靈覺所謂良知也君子之戒慎恐懼惟恐其昭明靈覺者或有所昏昧放逸流於非僻邪妄而失其本體之正耳戒慎恐懼之功無時或間則天理常存而其昭明靈覺之本體無所虧蔽無所牽擾無所恐懼憂患無所好樂忿懥無所意必固我無所歉餒愧怍

和融瑩徹充塞流行動容周旋而中禮從心所欲而
不踰斯乃所謂眞灑落矣是灑落生於天理之常存
天理常存生於戒愼恐懼之無間孰謂敬畏之增乃
反爲灑落之累耶惟夫不知灑落爲吾心之體敬畏
爲灑落之功岐爲二物而分用其心是以互相牴牾
動多拂戾而流於欲速助長是國用之所謂敬畏者
乃大學之恐懼憂患非中庸戒愼恐懼之謂矣程子
常言人言無心只可言無私心不可言無心戒愼不
睹恐懼不聞是心不可無也有所恐懼有所憂患是
私心不可有也堯舜之兢兢業業文王之小心翼翼

皆敬畏之謂也皆出乎其心體之自然也出乎心體
非有所爲而爲之者自然之謂也敬畏之功無間於
動靜是所謂敬以直内義以方外也敬義立而天道
達則不疑其所行矣所寄許說大意亦好以此自勵
可矣不必以責人也君子不斷人之信也自信而已
不斷人之知也自知而已因先塋未畢功人事紛沓
來使立候凍筆潦草無次

與劉元道 癸未

來喻欲入坐窮山絕世故屏思慮養吾靈明必自驗
至於通晝夜而不息然後以無情應世故且云於静

求之似爲徑直但勿流於空寂而已觀此足見任道之剛毅立志之不凡且前後所論皆不爲無見者矣可喜可喜夫良醫之治病隨其疾之虚實強弱寒熱內外而斟酌加減調理補泄之要在去病而已初無一定之方不問證候之如何而必使人人服之也君子養心之學亦何以異於是元道自量其受病之深淺氣血之強弱自可如其所云者而斟酌爲之亦自無傷且專欲絶世故屏思慮偏於虚靜則恐旣已養成空寂之性雖欲勿流於空寂不可得矣大抵治病雖無一定之方而以去病爲主則是一定之法若但

知隨病用藥而不知因藥發病其失一而已矣閒中且將明道定性書熟味意況當又不同憂病不能一一信筆草草無次

答路賓陽　癸未

憂病中遠使惠問哀感何已守忠之訃方爾痛心而沈重復不起憐割如何可言死者已矣生者益孑立寡助不及今奮發砥礪坐待澌盡燈滅固將抱恨無窮日來山閒朋友遠近至者百餘人因此頗有警發見得此學益的確簡易真是考諸三王而不謬百世以俟聖人而不惑者惜無因復與賓陽一面語耳群

務雖繁然民人社稷莫非實學以賓陽才質之美行之以忠信堅其必爲聖人之志勿爲時議所揺近名所動吾見其德日進而業日廣矣荒憒不能多及心亮

與黃宗賢 癸未

別去得杭城寄回書知人心之不可測良用慨嘆然山鬼伎倆有窮老僧一空無際以是自處而已講學一事方犯時諱老婆心切遂能椷口結舌乎然湏默而成之不言而信不量淺深而呶呶多口眞亦無益也議論欠簡切不能虚心平氣此是吾儕通患吾兄

行時此病蓋已十去八九未審近來消釋已盡否謙之行便草草奠既裹私去亮

二　癸未

南行想亦從心所欲職守閒靜益得專志於學聞之殊慰賤軀入夏來山中感暑痢歸卧兩月餘變成痰咳今雖稍平然咳尚未已也四方朋友來去無定中間不無切磋砥礪之益但真有力量能擔荷得亦自少見大抵近世學者只是無有必爲聖人之志近與尚謙子華誠甫講孟子鄉原狂狷一章頗覺有所省發相見時試更一論如何聞接引同志孜孜不怠甚

善甚善但論議之際必須謙虛簡明為佳若自處過任而辭意重復卻恐無益有損在高明斷無此因見舊時友朋往往不免斯病謾一言之

寄薛尚謙 癸未

原中宗賢誠甫前後去所欲言者想已皆能口悉士鳴崇一諸友咸集京師一時同志聚會之盛可想而知但時方多諱伊川所謂小利貞者其斯之謂歟道不同不相為謀而仁者愛物之誠又自有不容已者要在默而成之不言而信耳困心衡慮以堅淬其志節動心忍性以增益其不能自古聖賢未有不如此

而能有立於天下者也聞巳授職大行南差得便後

會或有可期因便草草言無倫次

二　乙酉

承喻自咎罪疾只緣輕傲二字累倒足知用力懇切

但知得輕傲處便是良知致此良知除卻輕傲便是

格物致知二字是千古聖學之秘向在虔時終日論

此同志中尚多有未徹近於古本序中改數語頗發

此意然見者往往亦不能察今寄一紙幸熟味此是

孔門正法眼藏從前儒者多不曾悟到故其說卒入

於支離仕鳴過虔常與細說不審閒中曾論及否

及甘泉論仕德處殆一時意有所向而云蓋亦未見其止之嘆耳仕德之學未敢便以爲至即其信道之篤臨死不貳眼前曾有幾人所云心心相持如髡如鉗正恐同輩中亦未見有能如此者也書來謂仕鳴海崖大進此學近得數友皆有根力處久當能發揮幸甚聞之喜而不寐也海崖爲誰氏便中寄知之

答周道通 甲申

吴曾兩生至備道道通懇切爲道之意殊慰想念若道通眞可謂篤信好學者矣憂病中曾不能與兩生細論然兩生亦有志向肯用功者每見輒覺有進在

傳習錄時、體驗愈益明白然於朋友不能一時相離若得朋友云、

區區誠不能無負於兩生之遠來在兩生則亦庶幾無負其遠來之意矣臨別以此冊致道通意請書數語荒憒無可言者輒以道通來書中所問數節略下轉語奉酬草草殊不詳細兩生當亦自能口悉也

來書云日用工夫只是立志近來於先生誨言愈益明白然須朋友講習則此意纔精健闊大纔有生意若三五日不得朋友相講便覺微弱遇事便會困亦時會忘乃今無朋友相講之日還只靜坐或看書或行動凡寓目措身悉取以培養此志頗覺意思和適然終不如講學時生意更多也離群

索居之人當更有何法以處之

此段是驗道過日用工夫所得工夫大畧亦只是如此用只要無間斷到得純熟後意思又是不同矣大抵吾人爲學緊要大頭腦只是立志所謂困忘之病亦只是志欠真切今好色之人未嘗病於困忘只是一真切耳自家痛痒自家須會知得自家須會搔摩得既自知得痛痒自家須不能不搔摩得佛家謂之方便法門須是自家調停斟酌他人總難與力亦更無别法可設也

來書云上蔡常問天下何思何慮伊川云有此理

只是發得太早在學者工夫固是必有事焉而勿忘然亦須識得何思何慮底氣象一併看爲是若不識得這氣象便有正與助長之病若認得何思何慮而忘必有事焉工夫恐又墮於無也須是不滯於有不墮於無然乎否也

所論亦相去不遠矣只是契悟未盡上蔡之問與伊川之答亦只是上蔡伊川之意與孔子繫辭原旨稍有不同繫言何思何慮是言所思所慮只是一箇天理更無别思别慮耳非謂無思無慮也故曰同歸而殊途一致而百慮天下何思何慮云殊途云百慮則

天理

豈謂無思無慮邪心之本體即是天理只是一箇更有何可思慮得天理原自寂然不動原自感而遂通學者用功雖千思萬慮只是要復他本來體用而已不是以私意去安排思索出來故明道云君子之學莫若廓然而大公物來而順應若以私意去安排思索便是用智自私矣何思何慮正是工夫在聖人分上便是自然的在學者分上便是勉然的伊川却是把作效驗看了所以有發得太早之說既而云却好用功則已自覺其前言之有未盡矣濂溪主靜之論亦是此意今道通之言雖已不爲無見然亦未免尚

有兩事也

來書云：凡學者纔曉得做工夫，便要識認得聖人氣象，蓋認得聖人氣象，把做準的，乃就實地做工夫去，纔不會差，纔是作聖工夫，未知是否？

先認聖人氣象，昔人嘗有是言矣，然亦欠有頭腦。聖人氣象自是聖人的，我從何處識認？若不就自己良知上眞切體認，如以無星之稱而權輕重，未開之鏡而照妍媸，眞所謂以小人之腹而度君子之心矣。聖人氣象何由認得？自己良知原與聖人一般，若體認得自己良知明白，卽聖人氣象不在聖人而在我矣。

程子嘗云覰着堯學他行事無他許多聰明睿知安能如彼之動容周旋中禮又云心通於道然後能辨是非今且說通於道在何處聰明睿知從何處出來

來書云事上磨煉一日之內不管有事無事只一意培養本原若遇事來感或自己有感心上既有覺安可謂無事但因事凝心一會大段覺得事理當如此只如無事處之盡吾心而已然乃有處得善與未善何也又或事來得多須要次第與處每因才力不足輒爲所困雖極力扶起而精神已覺衰弱遇此未免要十分退省寧不了事不可不加

培養如何

所說工夫就道通分上也只是如此用然未免有出入在凡人爲學終身只爲這一事自少至老自朝至暮不論有事無事只是做得這一件所謂必有事焉者也若說寧不了事不可不加培養却是尚爲兩事也必有事焉而勿忘勿助事物之來但盡吾心之良知以應之所謂忠恕違道不遠矣凡處得有善有未善及有困頓失次之患者皆是牽於毀譽得喪不能實致其良知耳若能實致其良知然後見得平日所謂善者未必是善所謂未善者却恐正是牽於毀譽

得喪自賊其良知者也

來書云致知之說春間再承誨益已頗知用力覺得此舊尤爲簡易但鄙心則謂與初學言之還須帶格物意思使之知下手處本來致知格物一併下但在初學未知下手用功還說與格物方曉得致知云云

格物是致知工夫知得致知便已知得格物若是未知格物則是致知工夫亦未嘗知也近有一書與友人論此頗悉今往一通細觀之當自見矣

來書云今之爲朱陸之辨者尚未已每對朋友言

正學不明已久，且不須枉費心力爲朱陸爭是非，只依先生立志二字點化人。若其人果能辨得此志來，决意要知此學，已是大段明白了。朱陸雖不辨，彼自能覺得。又嘗見朋友中見有人議先生之言者，輒爲動氣。昔在朱陸二先生所以遺後世紛紛之議者，亦見二先生工夫有未純熟，分明亦有動氣之病。若明道則無此矣。觀其與吳涉禮論介甫之學云：爲我盡達諸介甫，不有益於彼，必有益於我也。氣象何等從容。嘗見先生與人書中亦引此言，願朋友皆如此，如何？

此節議論得極是極是願道通遍以告於同志各自且論自已是非莫論朱陸是非也以言語謗人其謗淺若自已不能身體實踐而徒入耳出口呶呶度日是以身謗也其謗深矣凡今天下之論議我者苟能取以爲善皆是砥礪切磋我也則在我無非警惕脩省進德之地矣昔人謂攻吾之短者是吾師師又可惡乎

來書云有引程子人生而靜以上不容說才說性便已不是性何故不容說何故不是性晦菴答云不容說者未有性之可言不是性者已不能無氣

質之雜矣。二先生之言皆未能曉，每看書至此輒爲一惑，請問。

生之謂性，生字即是氣字，猶言氣即是性也。氣即是性，人生而靜以上不容說，才說氣即是性，即已落在一邊，不是性之本原矣。孟子性善是從本原上說，然性善之端須在氣上始見得，若無氣亦無可見矣。惻隱羞惡辭讓是非即是氣。程子謂論性不論氣不備，論氣不論性不明，亦是爲學者各認一邊，只得如此說。若見得自性明白時，氣即是性，性即是氣，原無性氣之可分也。

答王疊菴中丞 甲申

往歲旌節臨越猥蒙枉顧其時憂病懵懵不及少申欵曲自後林居懶僻成性平生故舊不敢通音問企慕之懷雖日以積竟未能一奉起居其爲傾渴如何可言使來遠辱問惠登拜感怍舍親宋孔瞻亦以書來備道執事勤勤下問之盛不肖奚以得此近世士夫之相與類多虛文彌誑而實意衰薄外和中嫉猶私敗公是以風俗日惡而世道愈降執事忠信高明克勤小物長才偉識翹然海內之望而自視欿然遠念不遺若古之君子有而若無以能問於不能者也

僕誠喜聞而樂道自顧何德以承之僕已無所可用於世顧其心痛聖學之不明是以人心陷溺至此思守先聖之遺訓與海內之同志者講求切劘之庶亦少資於後學不徒生於聖明之朝然蔽惑既久人是其非其能虛心以相聽者鮮矣若執事之德盛禮恭而與人爲善此誠僕所願效其愚者然又邑里隔絕無因握手一叙其爲傾渴又如何可言耶雖然目擊而道存僕見執事之書既已知執事之心雖在千萬里外當有不言而信者謹以新刻小書二册奉求教正蓋鄙心之所欲效者亦畧具於其中矣便間幸示

一言可否之

答方思道僉憲　甲申

祝生來辱書惠勤勤愛念之厚何可當也又推許過情以爲能倡明正學則僕豈其人哉顧自忘其愚不肖而欲推人於賢聖之域不顧己之未免於俗而樂人之進於道則此心耿耿雖屢被詆笑非斥終有所不能已海內同志苟知趨向者未嘗不往來于懷況如思道之高明俊偉可一日而千里也其能已於情乎子美太白有造道之資而不能入於賢聖者詞章綺麗之尚有以羈縻之也如吾思道之高明俊偉而

詞章綺麗之尚終能羈縻之乎終能羈縻之乎

與黃勉之　甲申

屢承書惠兼示述作足知才識之邁向道懇切之難得也何幸何幸然未由一面鄙心之所欲效者尚爾鬱而未申有負盛情多矣君子學以爲己成己成物雖本一事而先後之序有不容紊孟子云學問之道無他求其放心而已矣誦習經史本亦學問之事不可廢者而忘本逐末明道尚有玩物喪志之戒若立言垂訓尤非學者所宜汲汲矣所示格物說修道註誠荷不鄙之盛切深慚悚然非淺劣之所敢望於足

下者也且其爲說亦於鄙見微有未盡何時合并當悉其義願且勿以示人孔子云五十以學易可以無大過矣充足下之才志當一日千里何所不可到而不勝駿逸之氣急於馳驟奔放抵突若此將恐自蹶其足非任重致遠之道也古本之釋不得已也然不敢多爲辭說正恐葛藟纒繞則枝幹反爲蒙翳耳短序亦嘗三易稿石刻其最後者今各往一本亦足以知初年之見未可據以爲定也承相念之厚不敢不盡憂病中言無倫次

二

甲申

勉之别去後家人病益狼狽賤軀亦咳逆泄瀉相仍曾無間日人事紛沓未論也用是大學古本曾無下筆處有孤勤勤之意然此亦自可徐徐圖之但古本白文之在吾心者未能時時發明却有可憂耳來問數條實亦無暇作答紬觀簡末懇懇之誠又自不容已於言也

來書云以良知之教涵泳之覺其徹動徹靜徹晝徹夜徹古徹今徹生徹死無非此物不假纖毫思索不得纖毫助長亭亭當當靈靈明明觸而應感而通無所不照無所不覺無所不達千聖同途萬

賢合轍無他知神此即爲神無他希天此即爲天無他順帝此即爲帝本無不中本無不公終日酬酢不見其有動終日閑居不見其有靜真乾坤之靈體吾人之妙用也竊又以爲中庸誠者之明即此良知爲明誠之者之戒慎恐懼即此良知爲戒慎恐懼當與惻隱羞惡一般俱是良知條件知戒慎恐懼知惻隱知羞惡通是良知亦即是明云云

此節論得已甚分曉知此則知致知之外無餘功矣知此則知所謂建諸天地而不悖質諸鬼神而無疑百世以俟聖人而不惑者非虛語矣誠明戒懼效驗

功夫本非兩義既知徹動徹靜徹死徹生無非此物
則誠明戒懼與惻隱羞惡又安得别有一物爲之歟
來書云陰陽之氣訢合和暢而生萬物物之有生
皆得此和暢之氣故人之生理本自和暢本無不
樂觀之鳶飛魚躍鳥鳴獸舞草木欣欣向榮皆同
此樂但爲客氣物欲攪此和暢之氣始有間斷不
樂孔子曰學而時習之便立箇無間斷功夫悦則
樂之萌矣朋來則學成而吾性本體之樂復矣故
曰不亦樂乎在人雖不我知吾無一毫慍怒以間
斷吾性之樂聖人恐學者樂之有息也故又言此

所謂不慍不尤與夫樂在其中不改其樂皆是樂
無間斷否云云
樂是心之本體仁人之心以天地萬物爲一體訢合
和暢原無間隔來書謂人之生理本自和暢本無不
樂但爲客氣物欲攪此和暢之氣始有間斷不樂是
也時習者求復此心之本體也悅則本體漸復矣朋
來則本體之訢合和暢充周無間本體之訢合和暢
本來如是初未嘗有所增也就使無朋來而天下莫
我知焉亦未嘗有所減也來書云無間斷意思亦是
聖人亦只是至誠無息而已其工夫只是時習時習

之要只是謹獨謹獨即是致良知良知即是樂之本體此節論得大意亦皆是但不宜便有所執着

來書云韓昌黎博愛之謂仁一句看來大段不錯不知宋儒何故非之以爲愛自是情仁自是性豈可以愛爲仁愚意則曰性即未發之情情即巳發之性仁即未發之愛愛即巳發之仁如何喚愛作仁不得言愛則仁在其中矣孟子曰惻隱之心仁也周子曰愛曰仁昌黎此言與孟周之旨無甚差別不可以其文人而忽之也云云

博愛之說本與孟周之旨無大相遠樊遲問仁子曰

愛人愛字何嘗不可謂之仁歟昔儒看古人言語亦多有因人重輕之病正是此等處耳然愛之本體固可謂之仁但亦有愛得是與不是者須愛得是方是愛之本體方可謂之仁若只知博愛而不論是與不是亦便有差處吾嘗謂博字不若公字爲盡大抵訓釋字義亦只是得其大槩若其精微奥蘊在人思而自得非言語所能喻後人多有泥文著相専在字眼上穿求却是心從法華轉也

來書云大學云如好好色如惡惡臭所謂惡之云者凡見惡臭無處不惡固無妨礙至於好色無處

不好則將凡美色之經於目也亦盡好之乎大學之訓當是借流俗好惡之常情以喻聖賢好善惡惡之誠耳抑將好色亦爲聖賢之所同好經於目雖知其姣而思則無邪未嘗少累其心體否乎詩云有女如雲言如雲未嘗不知其姣也匪我思存言匪我思存則思無邪而不累其心體矣如見軒冕金玉亦知其爲軒冕金玉也但無歆羡希覬之心則可矣如此看不知通否云云

人於尋常好惡或亦有不眞切處惟是好好色惡惡臭則皆是發於眞心自求快足曾無纖假者大學是

就人人好惡真切易見處指示人以好善惡惡之誠當如是耳亦只是形容一誠字今若又於好色字上生如許意見却未免有執指爲月之病昔人多有爲一字一句所牽蔽遂致錯解聖經者正是此症候耳不可不察也中間云無處不惡固無妨礙亦便有受病處更詳之

來書云有人因薛文清過思亦是暴氣之説乃欲截然不思者竊以孔子曰吾嘗終日不食終夜不寢以思亦將謂孔子過而暴其氣乎以愚推之惟思而外於良知乃謂之過若念念在良知上體認

即如孔子終日終夜以思亦不爲過不外良知即

是何思何慮尚何過哉云云

過思亦是暴氣此語說得亦是若遂欲截然不思却

是因噎而廢食者也來書謂思而外於良知乃謂之

過若念念在良知上體認即終日終夜以思亦不爲

過不外良知即是何思何慮此語甚得鄙意孔子所

謂吾嘗終日不食終夜不寢以思無益不如學也者

聖人未必然乃是指出徒思而不學之病以誨人耳

若徒思而不學安得不謂之過思與

三　乙酉

承欲刻王信伯遺言，中間極有獨得之見，非餘儒所及。惜其零落既久，後學莫有傳之者，因勉之寄此，又知程門有此人也，幸甚幸甚。中間如論明道、伊川處，似未免尚有執著，然就其所到，已甚高明特達，不在游、楊諸公之下矣。中間可省略者，刪去之爲佳。凡刻古人文字，要在發明此學，惟簡明切實之爲貴。若支辭蔓說，徒亂人耳目者，不傳可也。高明以爲何如？

答劉内重 乙酉

書來警發良多，知感知感。腹疾不欲作答，但内重爲學工夫尚有可商量者，不可以虛來意之辱，輒復書此耳程子云所見所期不可不遠且大然而爲之亦須量力有漸志大心勞力小任重恐終敗事夫學者旣立有必爲聖人之志只消就自已良知明覺處朴實頭致了去自然循循日有所至原無許多門面摺數也外面是非毀譽亦好資之以爲警切砥礪之地卻不得以此稍動其心便將流於心勞日拙而不自知矣內重剛強篤實自是任道之器然於此等處尚須與謙之從容一商量久當有見也眼前路逕須放開闊才好容人來往若太拘窄恐自己亦無展足之地矣聖人之行初不遠於人情魯人獵較孔子亦獵

較鄉人儺朝服而立於阼階難言之互鄉亦與進其童子在當將固不能無惑之者矣子見南子子路且有不悅夫子到此如何更與子路說得是非只好矢之而已何也若要說見南子是得多少氣力來說若且依着子路認箇不是則子路終身不識聖人之心此學終將不明矣此等苦心處惟顔子便能識得故曰於吾言無所不悅此正是大頭腦處區區舉以內重亦欲內重謙虛其心宏大其量去人我之見絕意必之私則此大頭腦處自將卓爾有見當有雖欲從之末由也已之嘆矣大抵奇特斬絕之行多後世希

高慕大者之所喜聖賢不以是爲貴也故索隱行恠則後世有述焉依乎中庸固有遯世不見知者矣學絶道喪之餘苟有以講學來者所謂空谷之足音得似人者可矣必如內重所云則今之可講學者止可如內重輩二三人而止矣然如內重者亦不能時時來講也則法堂前草深一丈矣內重有進道之資而微失之於隘吾固不敢避飾非自是之嫌而叨叨至此內重宜悉此意弗徒求之言語之間可也

與王公弼 乙酉

前王汝止家人去因在妻喪中草草未能作書人來

遠承問惠得聞動履殊慰殊慰書中所云斯道廣大
無處欠缺動靜窮達無往非學自到任以來錢穀獄
訟事上接下皆不敢放過但反觀於獨猶未是夭壽
不二根基毀譽得喪之間未能脫然足知用功之密
只此自知之明便是良知致此良知以求自慊便是
致知矣殊慰殊慰師伊師顏兄弟久居於此黃正之
來此亦已兩月餘何廷仁到亦數日矣朋聚此頗覺
有益惟齋文明不得力而歸此友性氣殊別變化甚
難殊為可憂爾聞及之

二

乙酉

王汝止來得備聞政化之善殊慰傾想昔人謂做官奪人志若致知之功能無間斷寧有奪志之患耶歐崇一久不聞問不審近來消息何如若無朋友規覺恐亦未免摧墮便中望爲寄聲此間朋友相聚頗覺比前有益欲共結廬山中須汝止爲之料理而汝止以往歲救荒事繫心必欲辭去今乃强留於此望公弼一爲解紛事若必不可爲然後放令汝止歸也

三　乙酉

汝止去後即不聞消息邇惟政學日新爲慰汝止頗爲救荒一事所累不能久居於此不審此時回家作

何料理亦曾來相見否倘其事稍就緒須促之早來爲佳此間朋友望渠至者甚切甚切兼恐渠亦久累其間不若且來此一洗滌耳入覲在何時相見尚未有定臨紙怏悒

答顧東橋書　乙酉

來書云近時學者務外遺内博而寡要故先生特倡誠意一義針砭膏肓誠大惠也

吾子洞見時弊如此矣亦將何以救之乎然則鄙人之心吾子固已一句說盡復何言哉復何言哉若誠意之說自是聖門教人用功第一義但近世學者乃

作第二義看故稍與提掇緊要出來非鄙人所能特倡也

來書云但恐立說太高用功太捷後生師傳影響謬誤未免墜於佛氏明心見性定慧頓悟之機無怪聞者見疑

區區格致誠正之說是就學者本心日用事爲間體究踐履實地用功是多少次第多少積累在正與空虛頓悟之說相反聞者本無求爲聖人之志又未嘗講究其詳遂以見疑亦無足怪若吾子之高明自當一語之下便瞭然矣乃亦謂立說太高用功太捷何

邪

來書云所喻知行並進不宜分別前後即中庸尊德性而道問學之功交養互發内外本末一以貫之之道然工夫次第不能無先後之差如知食乃食知湯乃飲知衣乃服知路乃行未有不見是物先有是事此亦毫釐倏忽之間非謂有等今日知之而明日乃行也

既云交養互發内外本末一以貫之則知行並進之説無復可疑矣又云工夫次第不能不無先後之差無乃自相矛盾已乎知食乃食等説此尤明白易見

但吾子爲近聞障蔽不自察耳夫人必有欲食之心然後知食欲食之心即是意即是行之始矣食味之美惡必待入口而後知豈有不待入口而已先知食味之美惡者耶必有欲行之心然後知路欲行之心即是意即是行之始矣路岐之險夷必待身親履歷而後知豈有不待身親履歷而已先知路岐之險夷者耶知湯乃飲知衣乃服以此例之皆無可疑若如吾子之喻是乃所謂不見是物而先有是事者矣吾子又謂此亦毫釐倏忽之間非謂截然有等今日知之而明日乃行也是亦察之尚有未精然就如吾子

所云則知行之爲合一並進亦自斷無可疑矣

來書云眞知即所以爲行不行不足謂之知此爲學者喫緊立教俾務躬行則可若眞謂行即是知恐其專求本心遂遺物理必有闇而不達之處抑豈聖門知行並進之成法哉

知之眞切篤實處即是行行之明覺精察處即是知知行工夫本不可離只爲後世學者分作兩截用工失却知行本體故有合一並進之說眞知即所以爲行不行不足謂之知即如來書所云知食乃食等說可見前已畧言之矣此雖喫緊救弊而發然知行之

體本來如是非以己意抑揚其間姑爲是說以苟一時之效者也專求本心遂遺物理此蓋失其本心者也夫物理不外於吾心外吾心而求物理無物理矣遺物理而求吾心吾心又何物耶心之體性也性即理也故有孝親之心即有孝之理無孝親之心即無孝之理矣有忠君之心即有忠之理無忠君之心即無忠之理矣理豈外於吾心耶晦菴謂人之所以爲學者心與理而已心雖主乎一身而實管乎天下之理理雖散在萬事而實不外乎一人之心是其一分一合之間而未免已啓學者心理爲二之弊此後世

所以有專求本心遂遺物理之患正由不知心即理耳夫外心以求物理是以有闇而不達之處此告子義外之說孟子所以謂之不知義也心一而已以其全體惻怛而言謂之仁以其得宜而言謂之義以其條理而言謂之理不可外心以求仁不可外心以求義獨可外心以求理乎外心以求理此知行之所以二也求理於吾心此聖門知行合一之教吾子又何疑乎

來書云所釋大學古本謂致其本體之知此固孟子盡心之旨朱子亦以虛靈知覺爲此心之量然

盡心由於知性致知在於格物

盡心由於知性致知在於格物此語然矣然而推本吾子之意則其所以爲是語者尚有未明也朱子以盡心知性知天爲物格知至以存心養性事天爲誠意正心修身以殀壽不貳修身以俟爲知至仁盡聖人之事若鄙人之見則與朱子正相反矣夫盡心知性知天者生知安行聖人之事也存心養性事天者學知利行賢人之事也殀壽不貳修身以俟者困知勉行學者之事也豈可專以盡心知性爲知存心養性爲行乎吾子驟聞此論必又以爲大駭矣然其間

實無可疑者一爲吾子言之夫心之體性也性之原天也能盡其心是能盡其性矣中庸云唯天下至誠爲能盡其性又云知天地之化育質諸鬼神而無疑知天也此惟聖人而後能然故曰此生知安行聖人之事也存其心者未能盡其心者也故須加存之之功必存之既久不待於存而自無不存然後可以進而言盡蓋知天之知如知州知縣之知知州則一州之事皆已事也知縣則一縣之事皆已事也是與天爲一者也事天則如子之事父臣之事君猶與天爲二也天之所以命於我者心也性也吾但存之而不

敢失養之而不敢害如父母全而生之子全而歸之者也故曰此學知利行賢人之事也至於殀壽不貳則與存其心者又有間矣存其心者雖未能盡其心固已一心於爲善時有不存則存之而已今使之殀壽不貳猶以殀壽貳其心者也猶以殀壽貳其心是其爲善之心猶未能一也存之尚有所未可而何盡之可云乎今且使之不以殀壽貳其爲善之心若曰死生殀壽皆有定命吾但一心於爲善修吾之身以俟天命而已是其平日尚未知有天命也事天雖與天爲二然已眞知天命之所在但惟恭敬奉承之而

已耳若俟之云者則尚未能眞知天命之所在猶有所俟者也故曰所以立命立者創立之立如立德立言立功立名之類凡言立者皆是昔未嘗有而今始建立之謂孔子所謂不知命無以爲君子者也故曰此困知勉行學者之事也今以盡心知性知天爲格物致知使初學之士尚未能不貳其心者而遽責之以聖人生知安行之事如捕風捉影茫然莫知所措其心幾何而不至於率天下而路也今世致知格物之弊亦居然可見矣吾子所謂務外遺内博而寡要者無乃亦是過歟此學問最緊要處於此而差將無

徃而不差矣此鄙人之所以冒天下之非笑忘其身之陷於罪戮呶呶其言有不容已者也

來書云聞語學者乃謂即物窮理之說亦是玩物喪志又取其厭繁就約涵養本原數說標示學者指爲晚年定論此亦恐非

朱子所謂格物云者在即物而窮其理即物窮理是就事事物物上求其所謂定理者也是以吾心而求理於事事物物之中析心與理而爲二矣夫求理於事事物物者如求孝之理於其親之謂也求孝之理於其親則孝之理其果在於吾之心邪抑果在於親

之身邪假而果在於親之身則親沒之後吾心遂無孝之理歟見孺子之入井必有惻隱之理是惻隱之理果在於孺子之身歟抑在於吾心之良知歟其或不可以從之於井歟其或可以手而援之歟是皆所謂理也是果在於孺子之身歟抑果出於吾心之良知歟以是例之萬事萬物之理莫不皆然是可以知析心與理爲二之非矣夫析心於理而爲二此告子義外之說孟子之所深闢也務外遺内博而寡要吾子既已知之矣是果何謂而然哉謂之玩物喪志尚猶以爲不可歟若鄙人所謂致知格物者致吾心之

良知於事事物物也吾心之良知即所謂天理也致吾心良知之天理於事事物物則事事物物皆得其理矣致吾心之良知者致知也事事物物皆得其理者格物也是合心與理而爲一者也合心與理而爲一則凡區區前之所云與朱子晚年之論皆可以不言而喻矣

來書云人之心體本無不明而氣拘物蔽鮮有不蔽非學問思辨以明天下之理則善惡之機眞妄之辨不能自覺任情恣意其害有不可勝言者矣

此段大略似是而非蓋承沿舊說之弊不可以不辨

世夫問思辨行皆所以爲學未有學而不行者也如言學孝則必服勞奉養躬行孝道而後謂之學豈徒懸空口耳講說而遂可以謂之學孝乎學射則必張弓挾矢引滿中的學書則必伸紙執筆操觚染翰盡天下之學無有不行而可以言學者則學之始固已即是行矣篤者敦實篤厚之意已行矣而敦篤其行不息其功之謂爾蓋學之不能以無疑則有問問即學也即行也又不能無疑則有思思即學也即行也又不能無疑則有辨辨即學也即行也辨既明矣思既愼矣問既審矣學既能矣又從而不息其功焉斯

之謂篤行非謂學問思辨之後而始措之於行也是故以求能其事而言謂之學以求解其惑而言謂之問以求通其理而言謂之思以求精其察而言謂之辨以求履其實而言謂之行蓋析其功而言則有五合其事而言則一而已此區區心理合一之體知行並進之功所以異於後世之說者正在於是今吾子特舉學問思辨以窮天下之理而不及篤行是專以學問思辨為知而謂窮理為無行也已天下豈有不行而學者邪豈有不行而遂可謂之窮理者耶明道云只窮理便盡性至命故必仁極仁而後謂之能窮

仁之理義極義而後謂之能窮義之理仁極仁則盡仁之性矣義極義則盡義之性矣學至於窮理至矣而尚未措之於行天下寧有是耶是故知不行之不可以爲學則知不行之不可以爲窮理矣知不行之不可以爲窮理則知知行之合一並進而不可以分爲兩節事矣夫萬事萬物之理不外於吾心而必曰窮天下之理是殆以吾心之良知爲未足而必外求於天下之廣以裨補增益之是猶析心與理而爲二也夫學問思辨篤行之功雖其困勉至於人一己百而擴充之極至於盡性知天亦不過致吾心之良知

而已良知之外豈復有加於毫末乎今必曰窮天下之理而不知反求諸其心則凡所謂善惡之機眞妄之辨者舍吾心之良知亦將何以致其體察乎吾子所謂氣拘物蔽者拘此蔽此而已今欲去此之蔽不知致力於此而欲以外求是猶目之不明者不務服藥調理以治其目而徒倀倀然求明於其外明豈可以自外而得哉任情恣意之害亦以不能精察天理於此心之良知而已此誠毫釐千里之謬者不容於不辨吾子毋謂其論之太刻也

來書云教人以致知明德而戒其即物窮理誠使

昏闇之士深居端坐不聞教告遂能至於知至而德明乎縱令靜而有覺稍悟本性則亦定慧無用之見果能知古今達事變而致用於天下國家之實否乎其曰知者意之體物者意之用格物如格君心之非之格語雖超悟獨得不踵陳見抑恐於道未相脗合

區區論致知格物正所以窮理未嘗戒人窮理使之深居端坐而一無所事也若謂即物窮理如前所云務外而遺內者則有所不可耳昏闇之士果能隨事隨物精察此心之天理以致其本然之良知則雖愚

必明雖柔必強大本立而達道行九經之屬可一以貫之而無遺矣尚何患其無致用之實乎彼頑空虛靜之徒正惟不能隨事隨物精察此心之天理以致其本然之良知而遺棄倫理寂滅虛無以爲常是以要之不可以治家國天下孰謂聖人窮理盡性之學而亦有是弊哉心者身之主也而心之虛靈明覺即所謂本然之良知也其虛靈明覺之良知應感而動者謂之意有知而後有意無知則無意矣知非意之體乎意之所用必有其物物即事也如意用於事親即事親爲一物意用於治民即治民爲一物意用於讀書即

讀書爲一物意用於聽訟即聽訟爲一物凡意之所用無有無物者有是意即有是物無是意即無是物矣物非意之用乎格字之義有以至字訓者如格于文祖有苗來格是以至訓者也然格於文祖必純孝誠敬幽明之間無一不得其理而後謂之格有苗之頑實以文德誕敷而後格則亦兼有正字之義在其間未可專以至字盡之也如格其非心大臣格君心之非之類是則一皆正其不正以歸於正之義而不可以至字爲訓矣且大學格物之訓又安知其不以正字爲訓而必以至字爲義乎如以至字爲義者必

曰窮至事物之理而後其說始通是其用功之要全在一窮字用力之地全在一理字也若上去一窮字下去一理字而直曰致知在至物其可通乎夫窮理盡性聖人之成訓見於繫辭者也苟格物之說而果即窮理之義則聖人何不直曰致知在窮理而必爲此轉折不完之語以啓後世之弊邪蓋大學格物之說自與繫辭窮理大旨雖同而微有分辨窮理者兼格致誠正而爲功也故言窮理則格致誠正之功皆在其中言格物則必兼擧致知誠意正心而後其功始備而密今偏擧格物而遂謂之窮理此所以專以

窮理屬知而謂格物未嘗有行非惟不得格物之旨并窮理之義而失之矣此後世之學所以析知行爲先後兩截日以支離決裂而聖學益以殘晦者其端實始於此吾子蓋亦未免承沿積習則見以爲於道未相脗合不爲過矣

來書云謂致知之功將如何爲溫凊如何爲奉養即是誠意非別有所謂格物此亦恐非

此乃吾子自以己意揣度鄙見而爲是說非鄙人之所以告吾子者矣若果如吾子之言寧復有可通乎蓋鄙人之見則謂意欲溫凊意欲奉養者所謂意也

而未可謂之誠意必實行其温凊奉養之意務求自慊而無自欺然後謂之誠意知如何而爲温凊之節知如何而爲奉養之宜者所謂知也而未可謂之致知必致其知如何爲温凊之節者之知而實以之温凊致其知如何爲奉養之宜者之知而實以之奉養然後謂之致知温凊之事奉養之事所謂物也而未可謂之格物必其於温凊之事也一如其良知之所知當如何爲温凊之節者而爲之無一毫之不盡於奉養之事也一如其良知之所知當如何爲奉養之宜者而爲之無一毫之不盡然後謂之格物温凊之物

格然後知溫凊之良知始致奉養之物格然後知奉養之良知始致故曰物格而後知至致其知溫凊之良知而後溫凊之意始誠致其知奉養之良知而後奉養之意始誠故曰知至而後意誠此區區誠意致知格物之說蓋如此吾子更熟思之將亦無可疑者矣

來書云道之大端易於明白所謂良知良知愚夫愚婦可與及者至於節目時變之詳毫釐千里之謬必待學而後知今語孝於溫凊定省孰不知之至於舜之不告而娶武之不葬而興師養志養口

小杖大杖割股廬墓等事處常處變過與不及之間必須討論是非以爲制事之本然後心體無蔽臨事無失

道之大端易於明白此語誠然顧後之學者忽其易於明白者而弗由而求其難於明白者以爲學此其所以道在邇而求諸遠事在易而求之難也孟子云夫道若大路然豈難知哉人病不由耳良知良能愚夫愚婦與聖人同但惟聖人能致其良知而愚夫愚婦不能致此聖愚之所由分也節目時變聖人夫豈不知但不專以此爲學而其所謂學者正惟致其良

知以精察此心之天理而與後世之學不同耳吾子未暇良知之致而汲汲焉顧是之憂此正求其難於明白者以爲學之弊也夫良知之於節目時變猶規矩尺度之於方圓長短也節目時變之不可預定猶方圓長短之不可勝窮也故規矩誠立則不可欺以方圓而天下之方圓不可勝用矣尺度誠陳則不可欺以長短而天下之長短不可勝用矣良知誠致則不可欺以節目時變而天下之節目時變不可勝應矣毫釐千里之謬不於吾心良知一念之微而察之亦將何所用其學乎是不以規矩而欲定天下之方

圓不以尺度而欲盡天下之長短吾見其乖張謬戾日勞而無成也已吾子謂語孝於温凊定省孰不知之然而能致其知者鮮矣若謂粗知温凊定省之儀節而遂謂之能致其知則凡知君之當仁者皆可謂之能致其仁之知知臣之當忠者皆可謂之能致其忠之知則天下孰非致知者邪以是而言可以知致知之必在於行而不行之不可以爲致知也明矣知行合一之體不益較然矣乎夫舜之不告而娶豈舜之前已有不告而娶者爲之準則故舜得以考之何典問諸何人而爲此邪抑亦求諸其心一念之良知權

輕重之宜不得已而爲此邪武之不塟而興師豈武之前已有不塟而興師者爲之準則故武得以考之何典問諸何人而爲此邪抑亦求諸其心一念之良知權輕重之宜不得已而爲此邪使舜之心而非誠於爲無後武之心而非誠於爲救民則其不告而娶與不塟而興師乃不孝不忠之大者而後之人不務致其良知以精察義理於此心感應酬酢之間顧欲懸空討論此等變常之事執之以爲制事之本以求臨事之無失其亦遠矣其餘數端皆可類推則古人致知之學從可知矣

來書云謂大學格物之説專求本心猶可牽合至於六經四書所載多聞多見前言往行好古敏求博學審問溫故知新博學詳說好問好察是皆明白求於事爲之際資於論説之間者用功節目固不容紊矣

格物之義前已詳悉牽合之疑想已不俟復解矣至於多聞多見乃孔子因子張之務外好高徒欲以多聞多見爲學而不能求諸其心以闕疑殆此其言行所以不免於尤悔而所謂見聞者適以資其務外好高而已蓋所以救子張多聞多見之病而非以是教

之爲學也夫子嘗曰蓋有不知而作之者我無是也是猶孟子是非之心人皆有之之義也此言正所以明德性之良知非由於聞見耳若曰多聞擇其善者而從之多聞而識之則是專求諸見聞之末而已落在第二義矣故曰知之次也夫以見聞之知爲次則所謂知之上者果安所指乎是可以窺聖門致知用力之地矣夫子謂子貢曰賜也汝以予爲多學而識之者歟非也予一以貫之使誠在於多學而識則夫子胡乃繆爲是說以欺子貢者耶一以貫之非致其良知而何易曰君子多識前言往行以畜其德夫以

畜其德爲心則凡多識前言往行者孰非畜德之事此正知行合一之功矣好古敏求者好古人之學而敏求此心之理耳心即理也學者學此心也求者求此心也孟子云學問之道無他求其放心而已矣非若後世廣記博誦古人之言詞以爲好古而汲汲然惟以求功名利達之具於其外者也博學審問前言已盡溫故知新朱子亦以溫故屬之尊德性矣德性豈可以外求哉惟夫知新必由於溫故而溫故乃可以知新則亦可以驗知行之非兩節矣博學而詳說之者將以反說約也若無反約之云則博學詳說者

果何事耶舜之好問好察惟以用中而致其精一於道心耳道心者良知之謂也君子之學何嘗離去事爲而廢論說但其從事於事爲論說者要皆知行合一之功正所以致其本心之良知而非若世之徒事口耳談說以爲知者分知行爲兩事而果有節目先後之可言也

來書云楊墨之爲仁義鄉愿之亂忠信堯舜子之之禪讓湯武楚項之放伐周公莽操之攝輔謾無印正又焉適從且於古今事變禮樂名物未嘗考識使國家欲興明堂建辟雍制曆律草封禪又將

何所致其用乎故論語曰生而知之者義理耳若夫禮樂名物古今事變亦必待學而後有以驗其行事之實此則可謂定論矣

所喻楊墨鄉愿堯舜子之湯武楚項周公莽操之辨與前舜武之論大略可以類推古今事變之疑前於良知之說已有規矩尺度之喻當亦無俟多贅矣至於明堂辟雍諸事似尚未容於無言者然其說甚長姑就吾子之言而取正焉則吾子之惑將亦可以少釋矣夫明堂辟雍之制始見於呂氏之月令漢儒之訓疏六經四書之中未嘗詳及也豈呂氏漢儒之知

乃賢於三代之賢聖乎齊宣之時明堂尚猶未毀則幽厲之世周之明堂皆無恙也堯舜茅茨土階明堂之制未必備而不害其爲治幽厲之明堂固猶文武成康之舊而無救於其亂何邪豈能以不忍人之心而行不忍人之政則雖茅茨土階固亦明堂也以幽厲之心而行幽厲之政則雖明堂亦暴政所自出之地也武帝肇講於漢而武后盛作於唐其治亂何如耶天子之學曰辟雍諸侯之學曰泮宮皆象地形而爲之名耳然三代之學其要皆所以明人倫非以辟不辟泮不泮爲重輕也孔子云人而不仁如禮何人而

不仁如樂何制禮作樂必具中和之德聲爲律而身爲度者然後可以語此若夫器數之末樂工之事祝史之守故曾子曰君子所貴乎道者三籩豆之事則有司存也堯命羲和欽若昊天曆象日月星辰其重在於敬授人時也曆在璿璣玉衡其重在於以齊七政也是皆汲汲然以仁民之心而行其養民之政治曆明時之本固在於此也羲和曆數之學皐契未必能之也禹稷未必能之也堯舜之知而不徧物雖堯舜亦未必能之也然至於今循羲和之法而世修之雖由知小慧之人星術淺陋之士亦能推步占候而

無所忒則是後世曲知小慧之人反賢於禹稷堯舜者耶封禪之說尤爲不經是乃後世佞人諛士所以求媚於其上倡爲誇侈以蕩君心而靡國費蓋欺天罔人無耻之大者君子之所不道司馬相如之所以見譏於天下後世也吾子乃以是爲儒者所宜學殆亦未之思耶夫聖人之所以爲聖者以其生而知之也而釋論語者曰生而知之者義理耳若夫禮樂名物古今事變亦必待學而後有以驗其行事之實夫禮樂名物之類果有關於作聖之功也而聖人亦必待學而後能知焉則是聖人亦不可以謂之生知矣

謂聖人爲生知者專指義理而言而不以禮樂名物之類則是禮樂名物之類無關於作聖之功矣聖人之所以謂之生知者專指義理而不以禮樂名物之類則是學而知之者亦惟當學知此義理而已困而知之者亦惟當困知此義理而已今學者之學聖人於聖人之所能知者未能學而知之而顧汲汲焉求知聖人之所不能知者以爲學無乃失其所以希聖之方歟凡此皆就君子之所惑者而稍爲之分釋未及乎拔本塞源之論也夫拔本塞源之論不明於天下則天下之學聖人者將日繁日難斯人淪於禽獸

夷狄而猶自以爲聖人之學吾之說雖或蹔明於一時終將凍解於西而冰堅於東霧釋於前而雲滃於後呶呶焉危困以死而卒無救於天下之分毫也夫聖人之心以天地萬物爲一體其視天下之人無外內遠近凡有血氣皆其昆弟赤子之親莫不欲安全而教養之以遂其萬物一體之念天下之人心其始亦非有異於聖人也特其間於有我之私隔於物欲之蔽大者以小通者以塞人各有心至有視其父子兄弟如仇讎者聖人有憂之是以推其天地萬物一體之仁以教天下使之皆有以克其私去其蔽以復

其心體之同然其教之大端則堯舜禹之相授受所謂道心惟微惟精惟一允執厥中而其節目則舜之命契所謂父子有親君臣有義夫婦有別長幼有序朋友有信五者而已唐虞三代之世教者惟以此爲教而學者惟以此爲學當是之時人無異見家無異習安此者謂之聖勉此者謂之賢而背此者雖其啓明如朱亦謂之不肖下至閭井田野農工商賈之賤莫不皆有是學而惟以成其德行爲務何者無有聞見之雜記誦之煩辭章之靡濫功利之馳逐而但使之孝其親弟其長信其朋友以復其心體之同然是

蓋性分之所固有而非有假於外者則人亦孰不能
之乎學校之中惟以成德爲事而才能之異或有長
於禮樂長於政教長於水土播植者則就其成德而
因使益精其能於學校之中迨夫舉德而任則使之
終身居其職而不易用之者惟知同心一德以共安
天下之民視才之稱否而不以崇卑爲輕重勞逸爲
美惡效用者亦惟知同心一德以共安天下之民苟
當其能則終身處於煩劇而不以爲勞安於卑瑣而
不以爲賤當是之時天下之人熈熈皞皞皆相視如
一家之親其才質之下者則安其農工商賈之分各

勤其業以相生相養而無有乎希高慕外之心其才能之異若皐夔稷契者則出而各效其能若一家之務或營其衣食或通其有無或備其器用集謀并力以求遂其仰事俯育之願惟恐當其事者之或怠而重己之累也故稷勤其稼而不耻其不知教視契之善教即己之善教也夔司其樂而不耻於不明禮視夷之通禮即己之通禮也蓋其心學純明而有以全其萬物一體之仁故其精神流貫志氣通達而無有乎人己之分物我之間譬之一人之身目視耳聽手持足行以濟一身之用目不耻其無聰而耳之所涉

目必營焉足不耻其無執而手之所探足必前焉盖其元氣充周血脉條暢是以痒痾呼吸感觸神應有不言而喻之妙此聖人之學所以至易至簡易知易從學易能而才易成者正以大端惟在復心體之同然而知識技能非所與論也三代之衰王道熄而霸術昌孔孟既没聖學晦而邪説横教者不復以此爲教而學者不復以此爲學霸者之徒竊取先王之近似者假之於外以内濟其私已之欲天下靡然宗之聖人之道遂以蕪塞相倣相效日求所以富強之説傾詐之謀攻伐之計一切欺天罔人苟一時之得以

獵取聲利之術若管商蘇張之屬者至不可名數既其久也鬪爭刧奪不勝其禍斯人淪於禽獸夷狄而霸術亦有所不能行矣世之儒者慨然悲傷蒐獵先聖王之典章法制而掇拾修補於煨燼之餘蓋其爲心良亦欲以挽回先王之道聖學旣遠霸術之傳積漬已深雖在賢知皆不免於習染其所以講明修飾以求宣暢光復於世者僅可以增霸者之藩籬而聖學之門墻遂不復可覩於是乎有訓詁之學而傳之以爲名有記誦之學而言之以爲博有詞章之學而侈之以爲麗若是者紛紛籍籍群起角立於天下又

不知其幾家萬徑千蹊莫知所適世之學者如入百戲之場讙謔跳踉騁奇鬬巧獻笑爭妍者四面而競出前瞻後盼應接不遑而耳目眩瞀精神恍惑日夜遨遊淹息其間如病狂喪心之人莫自知其家業之所歸時君世主亦皆昏迷顛倒於其說而終身從事於無用之虛文莫自知其所謂間有覺其空疎謬妄支離牽滯而卓然自奮欲以見諸行事之實者極其所抵亦不過爲富強功利五霸之事業而止聖人之學日遠日晦而功利之習愈趨愈下其間雖嘗瞽惑於佛老而佛老之說卒亦未能有以勝其功利之心

雖又嘗折衷於群儒而群儒之論終亦未能有以破其功利之見蓋至於今功利之毒淪浹於人之心髓而習以成性也幾千年矣相矜以知相軋以勢相爭以利相高以技能相取以聲譽其出而仕也理錢穀者則與欲兼夫兵刑典禮樂者又欲與於銓軸處郡縣則思藩臬之高居臺諫則望宰執之要故不能其事則不得以兼其官不通其說則不可以要其譽記誦之廣適以長其傲也知識之多適以行其惡也聞見之博適以肆其辯也辭章之富適以飾其偽也是以皐夔稷契所不能兼之事而今之初學小生皆欲通

其說窮其術其稱名借號未嘗不曰吾欲以共成天下之務而其誠心實意之所在以爲不如是則無以濟其私而滿其欲也嗚呼以若是之積染以若是之心志而又講之以若是之學術宜其聞吾聖人之教而視之以爲贅疣枘鑿則其以良知爲未足而爲聖人之學爲無所用亦其勢有所必至矣嗚呼士生斯世而尚何以求聖人之學乎尚何以論聖人之學乎士生斯世而欲以爲學者不亦勞苦而繁難乎不亦拘滯而險艱乎嗚呼可悲也已所幸天理之在人心終有所不可泯而良知之明萬古一日則其聞吾拔

本塞源之論，必有惻然而悲，戚然而痛，憤然而起，沛然若决江河，而有所不可禦者矣。非夫豪傑之士，無所待而興者，吾誰與望乎？

答董澐蘿石　乙酉

問：某賦性平直，守分，每遇能言之士，則以巳之遲鈍爲慚，恐是根器弱甚。

答曰：此皆未免有外重內輕之患。若平日能集義，則浩然之氣至大至剛，充塞天地，自然富貴不能淫，貧賤不能移，威武不能屈，自然能知人之言，而凡詖淫邪遁之詞皆無所施於前矣，况肯自以爲慚乎？集義

只是致良知心得其宜爲義致良知則心得其宜矣

問某因親弟糧役與之謀敗致累多人因思皆不老實之過也如何

答曰謂之老實須是實致其良知始得不然卻恐所謂老實者正是老實不好也昔人亦有爲手足之情受汚辱者然不致如此等事此等事於良知亦自有不安

問某因海寧縣丞盧珂居官廉甚而極貧饑寒餓死遂走拜之贈以詩襚歸而胸次帖帖然自以爲得也只此自以爲得也恐亦不宜

荅曰知得自以爲得之非宜只此便是良知矣民之秉彜也故好是懿德又多着一分意思不得多着一分意思便是私矣

問某見人有善行每好録之時以展閲常見二醫一姓韓一姓郭者以利相讓亦必録之

荅曰録善人以自勉此亦多聞多見而識乃是致良知之功此等人只是欠學問恐不能到頭如此吾輩中亦未易得也

陽明先生文録卷之二

陽明先生文録卷之三

書三 始嘉靖丙戌 至于戊子

寄鄒謙之 丙戌

比遭家多難工夫極費力因見得良知兩字比舊愈加親切眞所謂大本達道舍此更無學問可講矣隨處體認天理之說大約未嘗不是只要根究下落即未免捕風捉影縱令鞭辟向裏亦與聖門致良知之功尚隔一塵若復失之毫釐便有千里之謬矣四方同志之至此者但以此意提掇之無不即有省發只是著實能透徹者甚亦不易得也世間無志之人既

已見驅於聲利詞章之習間有知得自已性分當求者又被一種似是而非之學兜絆羈縻終身不得出頭緣人未有眞爲聖人之志未免挾有見小欲速之私則此種學問極是支吾眼前得過是以雖在豪傑之士而任重道遠志稍不力即且安頓其中者多矣謙之之學既已得其大原近想涉歷彌久則功夫當益精明矣無因接席一論以資切劘傾企如何范祠之建實亦有禆風教僕於大字本非所長況已久不作所須祠扁必大筆自揮之乃佳也使還值歲冗不盡欲言

二　丙戌

承宗諭俗禮要大抵一宗文公家禮而簡約之切近人情甚善甚善非吾謙之誠有意於化民成俗未肯汲汲爲此也古禮之存於世者老師宿儒當年不能窮其説世之人苦其煩且難遂皆廢置而不行故今之爲人上而欲導民於禮者非詳且備之爲難惟簡切明白而使人易行之爲貴耳中間如四代位次及祔祭之類固區區向時欲稍改以從俗者今皆斟酌爲之於人情甚協蓋天下古今之人其情一而已矣先王制禮皆因人情而爲之節文是以行之萬世而皆

準其或反之吾心而有所未安者非其傳記之訛闕則必古今風氣習俗之異宜者矣此雖先王未之有亦可以義起三王之所以不相襲禮也若徒拘泥於古不得於心而冥行焉是乃非禮之禮行不著而習不察者矣後世心學不講人失其情難乎與之言禮然良知之在人心則萬古如一日苟順吾心之良知以致之則所謂不知足而爲屨我知其不爲蕢矣非天子不議禮制度今之爲此非以議禮爲也徒以末世廢禮之極聊爲之兆以興起之故特爲此簡易之說欲使之易知易從焉耳冠婚喪祭之外附以鄉約

其於民俗亦甚有補至於射禮似宜別爲一書以教學
者而非所以求諭於俗今以附於其間卻恐民間以
非所常行視爲不切又見其說之難曉遂并其冠婚
喪祭之易曉者而棄之也文公家禮所以不及於射
或亦此意也歟幸更裁之令先公墓表決不負約但
向在紛冗憂病中近復咳患盛作更求假以日月耳
施濮兩生知解甚利但已經爐鞴則煅煉爲易自此
益淬礪之吾見其成之速也書院新成欲爲諸生擇
師此誠盛德之事但劉伯光以家事促歸魏師伊乃
兄適有官務倉卒往視何廷仁近亦歸省惟黃正之

尚留彼意以登壇說法非吾謙之身自任之不可須事定後郤與二三同志造訪因而連留旬月相與砥礪開發效匡翼之勞亦所不辭也祠堂位次祔祭之義往年曾與徐曰仁備論曰仁嘗記其畧今使録一通奉覽以備採擇或問文公家禮高曾祖禰之位皆西向以次而東於心切有未安陽明子曰古者廟門皆南向主皆東向合祭之時昭之遷主列於北牖穆之遷主列於南牖皆統於太祖東向之尊是故西向以次而東今祠堂之制既異於古而又無太祖東向之統則西向之說誠有所未安曰然則今當何如

曰禮以時爲大若事死如事生則宜以高祖南向而曾祖禰東西分列席皆稍降而弗正對似於人心爲安曾見浦江鄭氏之祭四代考妣皆異席高考妣南向曾祖禰考皆西向妣皆東向各依世次稍退半席其於男女之别尊卑之等兩得其宜今吾家亦如此行但恐民間聽事多淺隘而器物亦有所不備則不能以通行耳又問無後者之祔於己之子姪固可下列矣若在祖宗之行宜何如祔陽明子曰古者大夫三廟不及其高矣適士二廟不及其曾矣今民間得祀高曾蓋亦體順人情之至例以古制則旣爲僭況

在其行之無後者乎古者士大夫無子則爲之置後無後者鮮矣後世人情偷薄始有棄貧賤而不嗣者古所謂無後皆殤子之類耳祭法王下祭殤五適子適孫適曾孫適玄孫適來孫諸侯下祭三大夫二適士及庶人祭子而止則無後之祔皆子孫屬也今民間既得假四代之祀以義起之雖及弟姪可矣往年湖湘一士人家有曾伯祖與堂叔祖皆賢而無後者欲爲立嗣則族衆不可欲弗祀則思其賢有所不忍也以問於某某曰不祀二三十年矣而追爲之嗣勢有所不行矣若在士大夫家自可依古族厲之義於

春秋二社之次特設一祭凡族之無後而親者各以昭穆之次配祔之於義亦可也

三　丙戌

敘札時及足慰離索兼示論語講章明白痛快足以發朱註之所未及諸生聽之當有油然而興者矣後世人心陷溺禍亂相尋皆由此學不明之故只將此學字頭腦處指掇得透徹使人洞然知得是自己生身立命之原不假外求如木之有根暢茂條達自有所不容已則所謂悅樂不慍者皆不待言而喻書院記文整嚴精確迥爾不群皆是直寫胸中實見一洗

近儒影響雕飾之習不徒作矣某近來郤見得良知兩字日益真切簡易朝夕與同輩講習只是發揮此兩字不出縁此兩字人人所自有故雖至愚下品一提便省覺若致其極雖聖人天地不能無憾故說此兩字窮劫不能盡世儒尚有致疑於此謂未足以盡道者只是未嘗實見得耳近有鄉大夫請某講學者云除郤良知還有甚麼說得某答云除却良知還有甚麼說得不審邇來謙之於此兩字見得比舊又如何矣無因一面扣之以快傾渴正之去當能略盡鄙懷不能一一後世大患全是士夫以虛文相誑畧不

知有誠心實意流積成風雖有忠信之質亦且迷溺其間不自知覺是故以之爲子則非孝以之爲臣則非忠流毒扇禍生民之亂尚未知所抵極今欲救之惟有返朴還淳是對症之劑故吾儕今日用工務在鞭辟近裏删削繁文始得然欲鞭辟近裏删削繁文亦非草率可能必須講明致良知之學每以言於同志不識謙之亦以爲何如也講學之后望時及之

四 丙戌

正之歸備談政教之善勤勤懇懇開誘來學毅然以斯道爲已任其爲喜幸如何可言前書虛文相誑之

說獨以嘅夫後儒之没溺詞章雕鏤文字以希世盜名雖賢知有所不免而其流毒之深非得根器力量如吾謙之者莫能挽而回之也而謙之顧猶謙然欲以猛省寡過此正吾謙之之所以爲不可及也欣嘆欣嘆學絶道喪之餘苟有興起向慕於是學者皆可以爲同志不必銖稱寸度而求其盡合於此以之待人可也若在我之所以爲道端立命者則不容有毫髮之或爽矣道一而已仁者見之謂之仁知者見之謂之知釋氏之所以爲釋老氏之所以爲老百姓日用而不知皆是道也寧有二乎今古學術之誠僞邪

正何啻碔砆美玉然有眩惑終身而不能辯者正以此道之無二而其變動不拘充塞無間縱橫顛倒皆可推之而通世之儒者各就其一偏之見而又飾之以比擬倣像之功文之以章句假借之訓其爲習熟既足以自信而條目又足以自安此其所以誑已誑人終身沒溺而不悟焉耳然其毫釐之差而乃致千里之謬非誠有求爲聖人之志而從事於惟精惟一之學者莫能得其受病之源而發其神奸之所由伏也若某之不肖蓋亦嘗陷溺於其間者幾年倀倀然既自以爲是矣賴天之靈偶有悟於良知之學然後

悔其向之所爲者固包藏禍機作僞於外而心勞日拙者也十餘年來雖痛自洗剔創艾而病根深痼萌蘖時生所幸良知在我操得其要譬猶舟之得舵雖驚風巨浪顛沛不無尚猶得免於傾覆者也夫舊習之溺人雖已覺悔悟創其克治之功尚且其難若此又况溺而不悟日益以深者亦將何所抵極乎以謙之精神力量又以有覺於良知自當如江河之注海沛然無復能有爲之障礙者矣默成深造之餘必有日新之得可以警發昏惰者便間不惜款款示及之

五 丙戌

張陳二生來適歸餘姚祭掃遂不及相見殊負深情也隨事體認天理即戒慎恐懼工夫以爲尚隔一塵爲世之所謂事事物物皆有定理而求之於外者言之耳若致良知之功明則此語亦自無害不然即猶未免於毫釐千里也來喻以爲恐主於事者蓋已深燭其弊矣寄示甘泉尊經閣記甚善甚善其間大意亦與區區稽山書院之作相同稽山之作向嘗以寄甘泉自謂於此學頗有分毫發明今甘泉乃謂今之謂聰明知覺不必外求諸經者不必呼而能覺之類則似急於立言而未暇細察鄙人之意矣後世學術之

不明非爲後人聰明識見之不及古人大抵多由勝心爲患不能取善相下明知其說之已是矣而又務爲一說以高之是以其說愈多而惑人愈甚凡今學術之不明使後學無所適從徒以致人之多言者皆吾黨自相求勝之罪也今良知之說已將學問頭腦說得十分下落只是各去勝心務在共明此學隨人分限以此循循善誘之自當各有所至若只要自立門戶外假衛道之名而內行求勝之實不顧正學之因此而益荒人心之因此而愈惑黨同伐異覆短爭長而惟以成其自私自利之謀仁者之心有所不忍

也甘泉之意未必出此因事感觸輒漫及之蓋今時講學者大抵多犯此症在鄙人亦或有所未免然不敢不痛自克治也如何如何

答友人 丙戌

君子之學務求在己而已毀譽榮辱之來非獨不以動其心且資之以爲切磋砥礪之地故君子無入不自得正以其無入而非學也若夫聞譽而喜聞侮而戚則將皇皇於外惟日之不足矣其何以爲君子往年 駕在留都左右交讒某於 武廟當時禍且不測僚屬咸危懼謂群疑若此宜圖所以自解者某曰

君子不求天下之信己也，自信而已。吾方求以自信之不暇，而暇求人之信己乎？其於執事爲世交，執事之心某素能信之，而顧以相訊若此，豈亦猶有未能自信也乎？雖然，執事之心又焉有所不自信者？至於防範之外，意料所不及，若校人之於子產者，亦安能保其必無？則執事之懇懇以詢於僕，固君子之嚴於自治宜如此也。昔楚人有宿於其友之家者，其僕竊友人之履以歸，楚人不知也。適使其僕市履於肆，僕私其直而以竊履進，楚人不知也。他日友人來過，見其履在楚人之足，大駭曰：吾固疑之，果然竊吾履。遂與之絕逾年而事纍友人踵楚人之門而悔謝曰吾不能知子而繆以疑子吾之罪也請爲友如初今執事之見疑於人其有其無某皆不得而知縱或有之亦何傷於執事之自信乎不俟逾年吾見有踵執事之門而悔謝者矣執事其益自信無怠固將無入而非學亦無入而不自得也矣

答友人

問自來儒先皆以學問思辯屬知而以篤行屬行分明是兩截事今先生獨謂知行合一不能無疑

曰此事吾已言之屢屢凡謂之行者只是著實去做

這件事若著實做學問思辯的工夫則學問思辯亦便是行矣學是學做這件事問是問做這件事思辯是思辯做這件事則行亦便是學問思辯矣若謂學問思辯之然後去行却如何懸空先去學問思辯得行時又如何去得箇學問思辯的事行之明覺精察處便是知知之真切篤實處便是行若行而不能精察明覺便是冥行便是學而不思則罔所以必須說箇知知而不能真切篤實便是妄想便是思而不學則殆所以必須說箇行元來只是一箇工夫凡古人說知行皆是就一箇工夫上補偏救弊說不似今人

截然分作兩件事做其今說知行合一雖亦是就今時補偏救弊說然知行體段亦本來如是吾契但著實就身心上體履當下便自知得今却只從言語文義上窺測所以牽制支離轉說轉糊塗正是不能知行合一之弊耳

象山論學與晦庵大有同異先生嘗稱象山於學問頭腦處見得直截分明今觀象山之論却有謂學有講明有踐履及以致知格物爲講明之事乃與晦庵之說無異而與先生知行合一之說反有不同何也

曰君子之學豈有心於同異惟其是而已吾於象山之學有同者非是苟同其異者自不掩其爲異也吾於晦庵之論有異者非是求異其同者自不害其爲同也假使伯夷柳下惠與孔孟同處一堂之上就其所見之偏全其議論斷亦不能皆合然要之不害其同爲聖賢也若後世論學之士則全是黨同伐異私心浮氣所使將聖賢事業作一塲兒戲看了也

又問知行合一之說是先生論學最要緊處今旣與象山之說異矣敢問其所以同

曰知行原是兩箇字說一箇工夫這一箇工夫須著

此兩箇字方說得完全無弊病若頭腦處見得分明見得原是一箇頭腦則雖把知行分作兩箇說畢竟將來做那一箇工夫則始或未便融會終所謂百慮而一致矣若頭腦見得不分明原看做兩箇了則雖把知行合作一箇說亦恐終未有湊泊處況又分作兩截去做則是從頭至尾更沒討下落處也

又問致良知之說眞是百世以俟聖人而不惑者象山已於頭腦上見得分明如何於此尚有不同

曰致知格物自來儒者皆相沿如此說故象山亦遂相沿得來不復致疑耳然此畢竟亦是象山見得未

精一處不可掩也

又曰知之眞切篤實處便是行行之明覺精察處便是知若知時其心不能眞切篤實則其知便不能明覺精察不是知之時只要明覺精察更不要眞切篤實也行之時其心不能明覺精察則其行便不能眞切篤實不是行之時只要眞切篤實更不要明覺精察也知天地之化育心體原是如此乾知大始心體亦原是如此

答南元善 丙戌

別去忽踰三月居嘗思念輒與諸生私相慨嘆計歸

程之所及此時當到家久矣太夫人康強貴眷無恙渭南風景當與柴桑無異而元善之識見與趣則又有出於元亮之上者矣近得中途寄來書讀之恍然如接顔色勤勤懇懇惟以得聞道爲喜急問學爲事恐卒不得爲聖人爲憂亹亹千數百言畧無一字及於得喪榮辱之間此非眞有朝聞夕死之志者未易以涉斯境也浣慰何如諸生遞觀傳誦相與嘆仰歆服因而興起者多矣世之高抗通脱之士捐富貴輕利害棄爵禄決然長往而不顧者亦皆有之彼其或從好於外道詭異之説投情於詩酒山水技藝之樂

又或奮發於意氣感激於憤悱牽溺於嗜好有待於物以相勝是以去彼取此而後能及其所之既倦意衡心鬱情逐事移則憂愁悲苦隨之而作果能捐富貴輕利害棄爵祿快然終身無入而不自得已乎夫惟有道之士眞有以見其良知之昭明靈覺圓融洞徹廓然與太虛而同體太虛之中何物不有而無一物能爲太虛之障礙蓋吾良知之體本自聰明睿知本自寬裕溫柔本自發強剛毅本自齋莊中正文理密察本自溥博淵泉而時出之本無富貴之可慕本無貧賤之可憂本無得喪之可欣戚愛憎之可取舍

蓋吾之耳而非良知則不能以聽矣又何有於聰目而非良知則不能以視矣又何有於明心而非良知則不能以思與覺矣又何有於睿知然則又何有於寬裕溫柔乎又何有於發强剛毅乎又何有於齋莊中正文理密察乎又何有於溥博淵泉而時出之乎故凡慕富貴憂貧賤欣戚得喪愛憎取舍之類皆足以蔽吾聰明睿知之體而窒吾淵泉時出之用若此者如明目之中而翳之以塵沙聰耳之中而塞之以木楔也其疾痛鬱逆將必速去之爲快而何能忍於時刻乎故凡有道之士其於慕富貴憂貧賤欣戚得

喪而取舍愛憎也若洗目中之塵而拔耳中之楔其於富貴貧賤得喪愛憎之相值若飄風浮靄之往來變化於太虛而太虛之體固常廓然其無礙也元善今日之所造其殆庶幾於是矣乎是豈有待於物以相勝而去彼取此激昂於一時之意氣者所能强而聲音笑貌以爲之乎元善自愛元善自愛關中自古多豪傑其忠信沈毅之質明達英偉之器四方之士吾見亦多矣未有如關中之盛者也然自橫渠之後此學不講或亦與四方無異矣自此關中之士有所振發興起進其文藝於道德之歸變其氣節爲聖賢

之學將必自吾元善昆季始也今日之歸謂天爲無意乎謂天爲有意乎元貞以病不及别簡蓋心同道同而學同吾所以告之亦不能有他説也亮之亮之

二 丙戌

五月初得蘇州書後月適遇王驛丞去草草曾附短啓其時私計行旆到家必已久矣是月三日余門子回復領手教始知六月尚留汴城世途之險巇難料每每若此也賤軀入夏咳作兼以毒暑大旱舟楫無所往日與二三子講息池傍小閣中每及賢昆玉則喟然興嘆而已郡中今歲之旱比往年尤甚河渠曾

蒙開浚者百姓皆得資灌溉之利相與嘖嘖追頌功德然已控龥無及矣彼妒婦憸人號稱士類者乃獨讒嫉排搆無所不至曾細民之不若亦獨何哉亦獨何哉色養之暇塤篪協奏切磋講習當日益深造矣里中英俊相從論學者幾人學絶道喪且幾百年居今之時而苟知趣向於是正所謂空谷之足音皆今之豪傑矣便中示及之竊嘗喜晦翁涵育薰陶之說以爲今時朋友相與必有此意而後彼此交益近來一二同志與人講學乃有規礪太刻遂相憤戾而去者大抵皆不免於以善服人之病耳楚國寶又爾憂

去子京諸友亦不能亟相會一齊泉楚道之不明也我知之矣雖然風雨如晦鷄鳴不已至誠而不動者未之有也非賢昆玉疇足以語於斯乎其餘世情眞若浮虛之變態亮非元善之所屑聞者也遂不一一及

答季明德 丙戌

書惠遠及以咳恙未平憂念備至感媿良深食薑太多非東南所宜誠然此亦不過蹔時劫劑耳近有一友爲易貝毋丸服之頗亦有效乃終不若來喻用養生之法拔去病根者爲得本源之論然此又不但治

病爲然學問之功亦當如是矣承示立志益堅謂聖人必可以學而至兢兢焉常磨鍊於事爲朋友之間而厭煩之心比前差少喜幸殊極又謂聖人之學不能無積累之漸意亦切實中間以堯舜文王孔老諸說發明志學一章之意足知近來進脩不懈居有司之煩而能精思力究若此非朋輩所及然此在吾明德自以此意奮起其精神砥切其志意則可矣必欲如此節節分疏引證以爲聖人進道一定之階級又連掇數聖人紙上之陳迹而入之以此一款條例之中如以堯之試鯀爲未能不惑子夏之啓予爲未能

耳順之類則是尚有比擬牽滯之累以此論聖人之亦必由學而至則雖有所發明然其階級懸難反覺高遠深奥而未見其爲人皆可學乃不如末後一節謂至其極而矩之不踰亦不過自此志之不已所積而不踰之上亦必有學可進聖人豈絶然與人異哉又云善者聖之體也害此善者人欲而已人欲吾之所本無去其本無之人欲則善在我而聖體全聖無有餘我無不足此以知聖人之必可學也然非有求爲聖人之志則亦不能以有成只如此論自是親切簡易以此開牖來學足以興起之矣若如前說未免

使柔怯者畏縮而不敢當高明者希高而外逐不能
無弊也聖賢垂訓固有書不盡言言不盡意者凡看
經書要在致吾之良知取其有益於學而已則千經
萬典顛倒縱横皆爲我之所用一涉拘執比擬則反
爲所縛雖或特見妙詣開發之益一時不無而意必
之見流注潛伏蓋有反爲良知之障蔽而不自知覺
者矣其云善者聖之體意固已好善即良知言良知
則使人尤爲易曉故區區近有心之良知是謂聖之
說其間又云人之爲學求盡乎天而已此明德之意
本欲合天人而爲一而未免反離而二之也人者天

地萬物之心也心者天地萬物之主也心卽天言心則天地萬物皆擧之矣而又親切簡易故不若言人之爲學求盡乎心而已知行之答大段切實明白詞氣亦平和有足啓發人者惟賢一書識見甚進間有語疵則前所謂意必之見流注潛伏者之爲病今旣照破久當自融釋矣以效訓學之說凡字義之難通者則以一字之相類而易曉者釋之若今學字之義本自明白不必訓釋今遂以效訓學以學訓效皆無不可不必有所拘執但效字終不若學字之混成耳率性而行則性謂之道修道而學則道謂之教謂修

道之爲教可也謂修道之爲學亦可也自其道之示人無隱者而言則道謂之教自其功夫之脩習無違者而言則道謂之學教也學也皆道也非人之所能爲也知此則又何訓釋之有所須學記因病未能着筆俟後便爲之

與王公弼 丙戌

來書比舊所見益進可喜可喜中間謂棄置富貴與輕於方父兄之命只是一事當棄富貴即棄富貴只是致良知當從父兄之命即從父兄之命亦只是致良知其間權量輕重稍有私意於良知便自不安凡

認賊作子者緣不知在良知上用工是以有此若只在良知上體認所謂雖不中不遠矣

二　丁亥

老年得子實出望外承相知愛念勤惓若此又重之以厚儀感媿何可當也兩廣之役積衰久病之餘何能堪此已具本辭免但未知遂能得允否耳來書提醒良知之說甚善甚善所云困勉之功亦且是提醒工夫未能純熟須加人一己百之方然後能無間斷非是提醒之外別有一段困勉之事也王汝止文候不至得渠家事稍間即須速之一來此間亦有一二

事欲與商量不可更遲遲也

答歐陽崇一

崇一來書云師云德性之良知非由於聞見若曰多聞擇其善者而從之多見而識之則是專求之見聞之末而已落在第二義竊意良知雖不由見聞而有然學者之知未嘗不因見聞而發滯於見聞固非而見聞亦良知之用也今曰落在第二義恐爲專以見聞爲學者而言若致其良知而求之見聞似亦知行合一之功矣如何

良知不由見聞而有而見聞莫非良知之用故良知

不滯於見聞而亦不離於見聞孔子云吾有知乎哉無知也良知之外别無知矣故致良知是學問大頭腦是聖門教人第一義今云專求之見聞之末則是失却頭腦而已落在第二義矣近時同志中蓋已莫不知有致良知之說然其間工夫尚多鶻突者正是欠此一問大抵學問工夫只要主意頭腦是當若主意頭腦專以致良知爲事則凡多聞多見莫非致良知之功蓋日用之間見聞酬酢雖千頭萬緒莫非良知之發用流行除却見聞酬酢亦無良知可致矣故只是一事若曰致其良知而求之見聞則語意之間

未免爲二此與專求之見聞之末者雖稍不同其爲未得精一之旨則一而已多聞擇其善者而從之多見而識之既云擇又云識其良知亦未嘗不行於其間但其立意乃專在多聞多見上去擇識則已失却頭腦矣崇一於此等處見得當已分曉今日之問正爲發明此學於同志中極有益但語意未瑩則毫釐千里亦不容不精察之也

來書云師云繫言何思何慮是言所思所慮只是天理更無別思別慮耳非謂無思無慮也心之本體卽是天理有何可思慮得學者用工雖千思萬

處只是要復他本體不是以私意去安排思索出來若安排思索便是自私用智矣學之弊大率非沉空守寂則安排思索德辛壬之歲着前一病近又着後一病但思索亦是良知發用其與私意安排者何所取別恐認賊作子惑而不知也

思曰睿睿作聖心之官則思思則得之思其可少乎沉空守寂與安排思索正是自私用智其爲喪失良知一也良知是天理之昭明靈覺處故良知即是天理思是良知之發用若是良知發用之思則所思莫非天理矣良知發用之思自然明白簡易良知亦自

能知得若是私意安排之思自是紛紜勞擾良知亦自會分別得蓋思之是非邪正良知無有不自知者所以認賊作子正爲致知之學不明不知在良知上體認之耳

來書又云師云爲學終身只是一事不論有事無事只是這一件若說寧不了事不可不加培養却是分爲兩事也竊意覺精力衰弱不足以終事者良知也寧不了事且加休養致知也如何却爲兩事若事變之來有事勢不容不了而精力雖衰稍鼓舞亦能支持則持志以帥氣可矣然言動終無

氣力畢事則困憊已甚不幾於暴其氣已乎此其
輕重緩急良知固未嘗不知然或迫於事勢安能
顧精力或困於精力安能顧事勢如之何則可
寧不了事不可不加培養之意且與初學如此說亦
不爲無益但作兩事看了便有病痛在孟子言必有
事焉則君子之學終身只是集義一事義者宜也心
得其宜之謂義能致良知則心得其宜矣故集義亦
只是致良知君子之酬酢萬變當行則行當止則止
當生則生當死則死斟酌調停無非是致其良知以
求自謙而已故君子素其位而行思不出其位凡謀

其力之所不及而強其知之所不能者皆不得爲致良知而凡勞其筋骨餓其體膚空乏其身行拂亂其所爲動心忍性以增益其所不能者皆所以致其良知也若云寧不了事不可不加培養者亦是先有功利之心較計成敗利鈍而愛憎取舍於其間是以將了事自作一事而培養又別作一事此便有是內非外之意便是自私用智便是義外便有不得於心勿求於氣之病便不是致良知以求自謙之功矣所云鼓舞支持畢事則困憊已甚又云迫於事勢困於精力皆是把作兩事做了所以有此凡學問之功一則

誠二則僞。凡此皆是致良知之意欠誠一眞切之故。大學言誠其意者，如惡惡臭，如好好色，此之謂自謙。曾見有惡惡臭好好色而須鼓舞支持者乎？曾有畢事則困憊已甚者乎？曾有迫於事勢困於精力者乎？此可以知其受病之所從來矣。

來書又有云：人情機詐百出，御之以不疑，往往爲所欺，覺則自入於逆億。夫逆詐，即詐也；億不信，即非信也；爲人欺，又非覺也。不逆不億而常先覺，其惟良知瑩徹乎。然而出入毫忽之間，背覺合詐者多矣。

不逆不億而先覺此孔子因當時人專以逆詐億不信爲心而自陷於詐與不信又有不逆不億者然不知致良知之功而往往又爲人所欺詐故有是言非教人以是存心而專欲先覺人之詐與不信也以是存心即是後世猜忌險薄者之事而只此一念已不可與入堯舜之道矣不逆不億而爲人所欺者尚亦不失爲善但不如能致其良知而自然先覺者之尤爲賢耳崇一謂其惟良知瑩徹者蓋已得其旨矣然亦穎悟所及恐未實際也蓋良知之在人心亘萬古塞宇宙而無不同不慮而知恒易以知險不學而能

恒簡以知阻先天而天不違天且不違而況於人乎況於鬼神乎夫謂背覺合詐者是雖不逆人而或未能無自欺也雖不億人而或未能果自信也是或常有求先覺之心而未能常自覺也常有求先覺之心即已流於逆億而足以自蔽其良知矣此背覺合詐之所以未免也君子覺以爲已未嘗虞人之欺已也恒不自欺其良知而已未嘗虞人之不信已也恒自信其良知而已未嘗求先覺人之詐與不信也恒務自覺其良知而已是故不欺則良知無所僞而誠誠則明矣自信則良知無所惑而明明則誠矣明誠相

生是故良知常覺常照常覺常照則如明鏡之懸而物之來者自不能遁其妍媸矣何者不欺而誠則無所容其欺苟有欺焉而覺矣自信而誠則無所容其不信苟不信焉而覺矣是謂易以知險簡以知阻子思所謂至誠如神可以前知者也然子思謂如神謂可以前知猶二而言之是蓋推言思誠者之功效是猶爲不能先覺者説也若就至誠而言則至誠之妙用即謂之神不必言如神至誠則無知而無不知不必言可以前知矣

二　丙戌

正之諸友下弟歸備談在京相與之詳知近年雖在仕途紛擾中而功力畧無退轉甚難甚難孫倉官來得書自咎眞切别紙論學數條皆卓有定見非獨無退轉且又大有所進矣喜幸何如文蔚所疑良不爲過孟子謂有諸已之謂信今吾未能有諸已是未能自信也宜乎文蔚之未能信我矣乃勞崇一逐一爲我解嘲如此負愧負愧然又不敢盡謂崇一解嘲之言爲口給但在區區則亦未能一一盡如崇一之所解者爲不能無媿耳固不敢不自勉力也文蔚天資甚厚其平日學問功夫未敢謂其盡是然却是朴實

頭有志學古者比之近時徒尚口説色取行違而居之不疑者相去遠矣前者承渠過訪惜以公務不能久留只就文義間草草一説鄙心之所願致者畧未能少效去後殊爲怏怏良知之説近時朋友多有相講一二年尚眩惑未定者文蔚則開口便能相信此其資質誠有度越於人只是見得尚淺未能洞徹到得如有所立卓爾是以未免尚爲書見舊聞所障然其胸中渣滓絶少而又已識此頭腦加之篤信好學如是終不慮其不洞徹也因咳嗽正作兼以人事紛沓不暇寫書故遲孫倉官久候

三　丁亥

去冬十二月十二日未時得一子今已踰百日或可望長成也北上之説信有之　聖主天高地厚之恩粉身無以爲報今即位六年矣徒以干進之嫌不得一稽首　闕廷臣子之心誠踢蹐不安近日又有召命豈有謝恩之禮待君父促之而后行者但賤軀咳患方甚揆之人情恐病勢稍間終當一行來書所謂如此人情如此世道何處着脚凡在吾黨所見畧同千里拳拳之念何敢忘也何敢忘也道之不行已知之矣區區之心固不敢先有意必然亦自有不容

已者耳

四　丁亥

遠勞問惠甚愧兩廣之任豈病廢所堪但事勢又若難避俟懇辭疏下更圖進止耳喻及持志養氣甚善暴其氣亦只是不能持其志耳釋氏輪迴變現之論亦不必求之窈冥今人不能常見自己良知一日之間此心倏焉而夷狄倏焉而禽獸倏焉而趨入悖逆之途倏焉而流浪貪淫之海不知幾番輪迴多少變現但人不自覺耳釋氏言語多有簸弄精神者大槩當求之遊方之外得其意而已矣淫聲美色之騎亦

是吾儒作好作惡處，正須勘破此等病痛，方見廓然大公之本體也。

答聶文蔚　丙戌

春間遠勞迂途枉顧，此情何可當也。甚欲扳留旬日，少効其鄙見，以求切劘之益，而公期俗絆，勢有不能。別去極怏怏，如有所失。忽承箋惠，浣慰可知。中間推許太過，蓋亦奬掖之盛心，而規礪眞切，思欲納之於賢聖之域，又托諸崇一以致其勤勤懇懇之懷，此非深交篤愛，何以及是？知感知媿，且懼甚無以堪之也。雖然，僕亦何敢不自鞭勉，而徒以感媿辭讓爲乎哉？

其謂愚孟周程無意相遭於千載之下與其盡信於天下不若眞信於一人道固自在學亦自在天下信之不爲多一人信之不爲少者斯固君子不見是而無悶之心豈世之譊譊屑屑者知足以及之乎乃僕之情則有大不得已者存乎其間而非以計人之信與不信也夫人者天地之心天地萬物本吾一體者也生民之困苦荼毒孰非疾痛之切於吾身者乎不知吾身之疾痛無是非之心者也是非之心不慮而知不學而能所謂良知也良知之在人心無間於聖愚天下古今之所同也世之君子惟務致其良知則

自能公是非同好惡視人猶己視國猶家而以天地萬物爲一體求天下無治不可得矣古之人所以能見善不啻若己出見惡不啻若己入視民之飢溺猶己之飢溺而一夫不獲若己推而納諸溝中者非故爲是而以蘄天下之信己也務致其良知求自謙而已矣堯舜三王之聖言而民莫不信者致其良知而言之也行而民莫不説者致其良知而行之也是以其民熙熙皞皞殺之不怨利之不庸施及蠻貊而凡有血氣者莫不尊親爲其良知之同也嗚呼聖人之治天下何其簡且易哉後世良知之學不明天下之

人用其私智以相比軌是以人各有心而偏瑣僻陋之見狡僞陰邪之術至於不可勝說外假仁義之名而内以行其自私自利之實詭辭以阿俗矯行以干譽揜人之善而襲以爲已長訐人之私而竊以爲已直忿以相勝而猶謂之徇義險以相傾而猶謂之疾惡妬賢忌能而猶自以爲公是非恣情縱欲而猶自以爲同好惡相陵相賊自其一家骨肉之親已不能無爾我勝負之意彼此藩籬之形而況於天下之大民物之衆又何能一體而視之則亦無怪於紛紛籍籍而禍亂相尋於無窮矣僕誠賴天之靈偶有見於

良知之學以爲必由此而後天下可得而治是以每念斯民之陷溺則爲之戚然痛心忘其身之不肖而思以此救之亦不自知其量者天下之人見其若是遂相與非笑而詆斥之以爲是病狂喪心之人耳嗚呼是奚足恤哉吾方疾痛之切體而暇計人之非笑乎人固有見其父子兄弟之墜溺於深淵者呼號匍匐裸跣顛頓扳懸崖壁而下拯之士之見者方相與揖讓談笑於其傍以爲是棄其禮貌衣冠而呼號顛頓若此是病狂喪心者也故夫揖讓談笑於溺人之傍而不知救此惟行路之人無親戚骨肉之情者能之

然巳謂之無惻隱之心非人矣若夫在父子兄弟之
愛者則固未有不痛心疾首狂奔盡氣匍匐而拯之
彼將陷溺之禍有不顧而況於病狂喪心之譏乎而
又況於蘄人之信與不信乎嗚呼今之人雖謂僕爲
病狂喪心之人亦無不可矣天下之人心皆吾之心
也天下之人猶有病狂者矣吾安得而非病狂乎猶
有喪心者矣吾安得而非喪心乎昔者孔子之在當
時有議其爲諂者有譏其爲佞者有毁其未賢詆其
爲不知禮而侮之以爲東家丘者有嫉而沮之者有
惡而欲殺之者晨門荷蕢之徒皆當時之賢士且曰

是知其不可而爲之者歟鄙哉硜硜乎莫已知也斯已而已矣雖子路在升堂之列尚不能無疑於其所見不悅於其所欲往而且以之爲迂則當時之不信夫子者豈特十之二三而已乎然而夫子汲汲遑遑若求亡子於道路而不暇於煖席者寧以蘄人之知我信我而已哉蓋其天地萬物一體之仁疾痛迫切雖欲已之而自有所不容已故其言曰吾非斯人之徒與而誰與欲潔其身而亂大倫果哉末之難矣嗚呼此非誠以天地萬物爲一體者孰能以知夫子之心乎若其遯世無悶樂天知命者則固無入而不自

得道並行而不相悖也僕之不肖何敢以夫子之道爲己任顧其心亦已稍知疾痛之在身是以徬徨四顧相求其有助於我者相與講去其病耳今誠得豪傑同志之士扶持匡翼共明良知之學於天下使天下之人皆知自致其良知以相安相養去其自私自利之蔽一洗讒妬勝忿之習以濟於大同則僕之狂病固將脫然以愈而終免於喪心之患矣豈不快哉嗟乎今誠欲求豪傑同志之士於天下非如吾文蔚者而誰望之乎如吾文蔚之才與志誠足以援天下之溺者今又既知其具之在我而無假於外求矣循

是以支若決河注海孰得而禦哉文蔚所謂一人信之不爲少其又能遜以委之何人乎會稽素號山水之區深林長谷信步皆是寒暑晦明無時不宜安居飽食囂囂無擾良朋四集道義日新優哉游哉天地之間寧復有樂於是者孔子云不怨天不尤人下學而上達僕與二三同志方將請事斯語冗暇外慕獨其切膚之痛乃有未能恝然者輒復云云爾咳疾暑毒書札絶懶盛使遠來遲留經月臨期執筆殊覺累紙蓋於相知之深雖已縷縷至此殊有所未能盡也

二　戊子

得書見近來所學之驟進喜慰不可言諦視數過其間雖亦有一二未瑩徹處却是致良知之功尚未純熟到純熟時自無此矣譬之驅車既已由於康莊大道之中或時横斜迂曲者乃馬性未調銜勒不齊之故然已只在康莊大道中决不賺入傍蹊曲徑矣近時海内同志到此地位者曾未多見喜慰不可言斯道之幸也賤軀舊有咳嗽畏熱之病近入炎方輙復大作　主上聖明洞察責付甚重不敢遽辭地方軍務冗沓皆輿疾從事今却幸已平定已具本乞回養病得在林下稍就清涼或可瘳耳人還伏枕草草不

盡傾企外惟濬一箇幸達致之。

來書所詢，草草奉復一二。近歲來山中講學者往往多說勿忘勿助工夫甚難。問之，則云才著意便是助，才不著意便是忘，所以甚難。區區因問之云：忘是忘箇甚麼？助是助箇甚麼？其人默然無對，始請問。區區因與說我此間講學，卻只說箇必有事焉，不說勿忘勿助。必有事焉者，只是時時去集義。若時時去用必有事的工夫，而或有時間斷，此便是忘了，即須勿忘；時時去用必有事的工夫，而或有時欲速求效，此便是助了，即須勿助。其工夫全在必有事焉上用，勿忘

勿助只就其間提撕警覺而已若是工夫原不間斷
即不須更說勿忘原不欲速求效即不須更說勿助
此其工夫何等明白何等簡易何等灑脫自在今却不去
必有事上用工而乃懸空守著一箇勿忘勿助此正
如燒鍋煮飯鍋内不曾漫水下米而乃專去添柴放
火不知畢竟煮出箇甚麼物來吾恐火候未及調停
而鍋已先破裂矣近日一種專在勿忘勿助上用工
者其病正是如此終日懸空去做箇勿忘又懸空去
助箇勿助奔奔蕩蕩全無實落下手處究竟工夫只
做得箇沉空守寂學成一箇痴騃漢才遇些子事來

卽便牽滯紛擾不復能經綸宰制此皆有志之
乃使之勞苦纏縛擔閣一生皆由學術誤人之故甚
可憫矣夫必有事焉只是集義集義只是致良知說
集義則一時未見頭腦說致良知卽當下便有實地
步可用工故區區專說致良知隨事就事上致其良
知便是格物著實去致良知便是誠意著實致其良
知而無一毫意必固我便是正心著實致良知則自
無忘之病無一毫意必固我則自無助之病故說格
致誠正則不必更說箇忘助孟子說忘助亦就告子
得病處立方告子強制其心是助的病痛故孟子專

説助長之害告子助長亦是他以義爲外不知就自心上集義在必有事焉上用工是以如此若時時刻刻就自心上集義則良知之體洞然明白自然是是非非纖毫莫遁又焉有不得於言勿求於心不得於心勿求於氣之弊乎孟子集義養氣之説固大有功於後學然亦是因病立方説得大段不若大學格致誠正之功尤極精一簡易爲徹上徹下萬世無弊者也聖賢論學多是隨時就事雖言若人殊而要其工夫頭腦若合符節緣天地之間原只有此性只有此理只有此良知只有此一件事耳故凡就古人論學

處說工夫，更不必攙和兼搭而說，自然無不聯合貫通者。才須攙和兼搭而說，即是自己工夫未明徹也。近時有謂集義之功必須兼搭箇致良知而後備者，則是集義之功尚未了徹也。集義之功尚未了徹，適足以爲致良知之累而已矣。謂致良知之功必須兼搭一箇勿忘勿助而後明者，則是致良知之功尚未了徹也。致良知之功尚未了徹，適足以爲勿忘勿助之累而已矣。若此者，皆是就文義上解釋牽附，以求混融湊泊，而不曾就自己實工夫上體驗，是以論之愈精而去之愈遠。文蔚之論，其於大本達道既已沛然無疑至於致知窮理及忘助等說時亦有攙和兼搭處却是區區所謂康莊大道之中或時橫斜迂曲者到得工夫熟後自將釋然矣文蔚謂致知之說求之事親從兄之間便覺有所持循者此段最見近來眞切篤實之功但以此自爲不妨自有得力處以此遂爲定說教人却未免又有因藥發病之患亦不可不一講也盖良知只是一箇天理自然明覺發見處只是一箇眞誠惻怛便是他本體故致此良知之眞誠惻怛以事親便是孝致此良知之眞誠惻怛以從兄便是弟致此良知之眞誠惻怛以事君便是忠只

是一箇良知一箇眞誠惻怛若是從兄的良知不能致其眞誠惻怛卽是事親的良知不能致其眞誠惻怛矣事君的良知不能致其眞誠惻怛卽是從兄的良知不能致其眞誠惻怛矣故致得事君的良知便是致却從兄的良知致得從兄的良知便是致却事親的良知不是事君的良知不能致却須又從事親的良知上去擴充將來如此又是脫却本原著在支節上求了良知只是一箇隨他發見流行處當下具足更無去來不須假借然其發見流行處却自有輕重厚薄毫髮不容增減者所謂天然自有之中也雖

則輕重厚薄毫髮不容增減而原又只是一箇雖則只是一箇而其間輕重厚薄又毫髮不容增減若得可增減若須假借即已非其真誠惻怛之本體矣此良知之妙用所以無方體無窮盡語大天下莫能載語小天下莫能破者也孟氏堯舜之道孝弟而已者是就人之良知發見得最真切篤厚不容蔽昧處提省人使人於事君處友仁民愛物與凡動靜語默閒皆只是致他那一念事親從兄真誠惻怛的良知即自然無不是道蓋天下之事雖千變萬化至於不可窮詰而但惟致此事親從兄一念真誠惻怛之良知以

應之則更無有遺缺滲漏者正謂其只有此一箇良知故也事親從兄一念良知之外更無有良知可致得者故曰堯舜之道孝弟而已矣此所以爲惟精惟一之學放之四海而皆準施諸後世而無朝夕者也文蔚云欲於事親從兄之間而求所謂良知之學就自己用工得力處知此說亦無不可若曰致其良知之真誠惻怛以求盡夫事親從兄之道焉亦無不可也明道云行仁自孝弟始孝弟是仁之一事謂之行仁之本則可謂是仁之本則不可其說是矣億逆先覺之說文蔚謂誠則旁行曲防皆良知之用甚善甚

善問有攙搭處則前已言之矣惟濬之言亦未爲不是在文蔚須有取於惟濬之言而後盡在惟濬又須有取於文蔚之言而後明不然則亦未免各有倚著之病也舜察邇言而詢芻蕘非是以邇言當察芻蕘當詢而後如此乃良知之發見流行光明圓瑩更無窒礙遮隔處此所以謂之大知才有執著意必其知便小矣講學中自有去取分辯然就心地上著實用工夫却須如此方是盡心三節區區曾有生知學知困知之說頗已明白無可疑者蓋盡心知性知天者不必說存心養性事天不必說殀壽不貳脩身以俟

而存心養性與脩身以俟之功已在其中矣存心養性事天者雖未到得盡心知天的地位然已是在那裏做箇求到盡心知天的功夫更不必說殀壽不貳脩身以俟而殀壽不貳脩身以俟之功已在其中矣譬之行路盡心知天者如年力壯健之人既能奔走往來於數千百里之間者也存心事天者如童穉之年使之學習步趨於庭除之間者也殀壽不貳脩身以俟者如襁抱之孩方使之扶墻傍壁而漸學起立移步者也既已能奔走往來於數千里之間者則不必更使之於庭除之間而學步趨而步趨於庭除之

間自無弗能矣既已能步趨於庭除之間則不必更使之扶墻傍壁而學起立移步而起立移步自無弗能矣然學起立移步便是學步趨庭除之始學步趨庭除便是學奔走往來於數千里之基固非有二事但其工夫之難易則相去懸絶矣心也性也天也一也故及其知之成功則一然而三者人品力量自有階級不可躐等而能也細觀文蔚之論其意似恐盡心知天者廢却存心脩身之功而反爲盡心知天之病是蓋爲聖人憂工夫之或間斷而不知爲自巳憂工夫之未真切也吾儕用工却湏專心致志在殀壽

不貳修身以俟上做只此便是做盡心知天功夫之始正如學起立移步便是學奔走千里之始吾方自慮其不能起立移步而豈遽慮其不能奔走千里又況爲奔走千里者而慮其或遺忘於起立移步之習哉文蔚識見本自超絕邁往而所論云然者亦是未能脫去舊時解說文義之習是爲此三段書分疎比合以求融會貫通而自添許多意見纏繞反使用工不專一也近時懸空去做勿忘勿助者其意見正有此病最能擔誤人不可不滌除耳所論尊德性而道學問一節至當歸一更無可疑此便是文蔚曾著實

用功然後能爲此言此本不是險僻難見的道理人或意見不同者還是良知尚有纖翳潛伏若除去此纖翳即自無不洞然矣已作書後移卧簷間偶遇無事遂復答此文蔚之學既已得其大者此等處久當釋然自解本不必屑屑如此分疏但承相愛之厚千里差人遠及諄諄下問而竟虛來意又自不能已於言也然直戇煩縷已甚不罪不罪惟濬處得轉錄一通寄示之尤好也

寄陸原静 丙戌

原静雖在憂苦中其學問功夫所謂顛沛必於是者

不言可知矣奚必論說講究而後可以爲學乎南元
善嘗將原靜後來論學數條刊入後録中初心甚不
欲渠如此近日朋輩見之却因此多有省悟始知古
人相與辯論窮詰亦不獨要自己明白直欲共明此
學於天下耳蓋此數條同志中肯用功者亦時有疑
及之然非原靜則亦莫肯如此披豁吐露就欲如此
披豁吐露亦不能如此曲折詳盡故此原靜一問其
有益於同志良不淺淺也自後但有可相啓發者不
惜時寄及之幸甚幸甚近得施聘之書意向卓然出
於流輩往年嘗竊異其人今果與俗不同也閒中曾

相往復否大事今冬能舉得便可無他絆繫如聘之者不妨時時一會窮居獨處無朋友相砥切最是一大患也貴鄉有韋友名商臣者聞其用工篤實尤爲難得亦曾一相講否

答甘泉　丙戌

音問雖踈道德之聲無日不聞於耳所以啓瞶消鄙者多矣向承狂生之諭初聞極駭彼雖愚悖之甚不應遽至於爾既而細詢其故良亦有因近復來此始得其實蓋此生素有老佛之溺爲朋輩所攻激遂高自矜大以誇愚泄憤蓋亦不過怪誕妖妄如近世方

士呼雷斬蛟之說之類而聞者不察又從而增飾之耳近巳與之痛絕而此生深自悔責若無所措其躬賴其資性頗可或自此遂能改創未可知也學絕道喪之餘苟以是心至斯受之矣忠信明敏之資絕不可得如生者良亦千百中之一二而又復不免於陷溺若此可如何哉可如何哉龔生來訪自言素沐教極深其資性甚純謹惜無可以進之者今復遠求陶鑄自此當見其有成也

答魏師說 丁亥

師伊至備聞日新之功兼得來書志意懇切甚慰無

盡所云任情任意認作良知及作意爲之不依本來良知而自謂良知者既已察識其病矣意與良知當分别明白凡應物起念處皆謂之意意則有是有非能知得意之是與非者則謂之良知依得良知即無有不是矣所疑拘於體面格於事勢等患皆是致良知之心未能誠切專一若能誠切專一自無此也凡作事不能謀始與有輕忽苟且之弊者亦皆致知之心未能誠一亦是見得良知未透徹若見得透徹即體面事勢中莫非良知之妙用除卻體面事勢之外亦别無良知矣豈得又爲體面所局事勢所格即已

動於私意非復良知之本然矣今時同志中雖皆知得良知無所不在一涉酬應便又將人情物理與良知看作兩事此誠不可以不察也

與馬子莘 丁亥

連得所寄書誠慰傾渴諦觀來書其字畫文彩皆有加於疇昔根本盛而枝葉茂理固宜然然草木之花千葉者無實其花繁者其實鮮矣邇來子莘之志得無微有所溺乎是亦不可以不省也良知之說往時亦嘗備講不審邇來能益瑩徹否明道云吾學雖有所受然天理二字卻是自家體認出來良知即是天

理體認者實有諸己之謂耳非若世之想像講說者之為也近時同志莫不知以良知為說然亦未見有能實體認之者是以尚未免於疑惑蓋有謂良知不足以盡天下之理而必假於窮索以增益之者又以為徒致良知未必能合於天理須以良知講求其所謂天理者而執之以為一定之則然後可以率由而無弊是其為說非實加體認之功而真有以見夫良知者則亦莫能辯其言之似是而非也莆中故多賢國英及志道二三同志之外相與切磋砥礪者亦復幾人良知之外更無知致知之外更無學外良知以

求知者邪妄之知矣外致知以爲學者異端之學矣道喪千載良知之學久爲贅疣今之友朋知以此事日相講求者殆空谷之足音歟想念雖切無因面會一罄此懷臨書惘惘不盡

與鄭啓範侍御　丁亥

某愚不自量痛此學之不講而竊有志於發明之自以劣弱思得天下之豪傑相與扶持砥礪庶幾其能有成故每聞海内之高明特達忠信而剛毅者即欣慕愛樂不啻骨肉之親以是於吾啓範雖未及一面之識而心乎神契已如白首之交者亦數年矣每得

封事讀之其間迺有齒及不肖者則又爲之赧顔汗
背促蹐不安古之君子恥有其名而無其實吾於啓
範惟切磋之是望乃不考其實而過情以譽於朝異
時茍有不稱將使啓範爲失言矣如之何而可不肖
志雖切於求學而質本迂狂踈繆招尤速謗自其所
宜近者復聞二三君子以不肖之故相與憤爭力辯
於鑠金消骨之地至於衝鋒冒刃而弗顧僕何以當
此哉二三君子之心豈不如青天白日誰得而瑕滓
之者顧僕自反亦何敢自謂無愧則不肖之軀將不
免爲輕雲薄霧於二三君子者矣如之何而可病軀

懶放日久，已成癈人，尚可勉强者，惟宜山林之下讀書講學而已。兩廣之任，斷非所堪，已具疏懇辭，必不得請，恐異日終為知己之憂也。言不能謝，惟自鞭策，以期無負相知，庶以為報耳。

與毛古庵憲副 丁亥

亟承書惠，既荷不遺，中間歎然下問之意，尤足以仰見賢者進修之功勤勤不懈，喜幸何可言也！無因促膝一陳鄙見以求是正，可勝瞻馳！凡鄙人所謂致良知之說，與今之所謂體認天理之說，本亦無大相遠，但微有直截迂曲之差耳。譬之種植，致良知者是培其根本之生意而達之枝葉者也體認天理者是茂其枝葉之生意而求以復其根本者也然培其根本之生意固自有以達之枝葉矣欲茂其枝葉之生意亦安能舍根本而別有生意可以茂之枝葉之間者乎吾兄忠信近道之資既自出於儕輩之上近見胡正人備談吾兄平日工夫又皆篤實懇切非若世之徇名遠迹而徒以支離於其外者只如此用力不已自當循循有至所謂殊途而同歸者也亦奚必改途易業而別求所謂爲學之方乎惟吾兄益就平日用功得力處進步不息譬之適京都者始在偏州僻壤

未免經歷於傍蹊曲逕之中苟志往不懈未有不達於適衢大路者也病軀咳作不能多及寄去鄙錄未後論學一書亦頗發明鄙見有得暇中幸示及之

與黃宗賢 丁亥

所委文字以通家之情重以吾兄道義骨肉之愛更復何辭向日之約誠有不得已者近來人事日益紛擾每每自晨發至更餘無須臾稍閒精神驟衰往往終日自不得食吾兄若見之將亦自有不忍以此相責者矣北來消息昨晚始聞承諭信然所謂甚難行止者恐亦毀譽之心猶在今且只論纂修一事為可

耶爲不可耶若纂修承爲盡非則北赴未爲不可歷官之與差委事體亦自不同況議禮本是諸君始終其事中間萬一猶有未盡者正可因此潤色調停以今事勢觀之元山旣以目疾未能躬事方霍恐未即出二君若復不往則　朝廷之意益孤而元山之志荒矣務潔其身者楊氏爲我之義君子之心未肯硜硜若此也凡人出處如人飲水冷煖自知非他人所能與高明自裁度之此行過越尚須一面不一一

二　丁亥

人在仕途比之退處山林時其工夫之難十倍非得

良友時時警發砥礪，則其平日之所志向，鮮有不潜移默奪，弛然日就於頽靡者。近與誠甫言，在京師相與者少，二君必須預先相約定，彼此但見微有動氣處，即須提起致良知話頭，互相規切。凡人言語正到快意時，便截然能忍默得；意氣正到發揚時，便翕然能收斂得；憤怒嗜欲正到騰沸時，便廓然能消化得：此非天下之大勇者不能也。然見得良知親切時，其工夫又自不難。緣此數病，良知之所本無，只因良知昏昧蔽塞而後有。若良知一提醒時，即如白日一出，而魍魎自消矣。中庸謂知恥近乎勇，所謂知恥只是恥其不能致得自已良知耳今人多以言語不能屈服得人爲恥意氣不能陵軋得人爲恥憤怨嗜慾不能直意任情得爲恥殊不知此數病者皆是蔽塞自已良知之事正君子之所宜深恥者今乃反以不能蔽塞自已良知爲恥正是恥非其所當恥而不知恥其所當恥也可不大哀乎諸君皆平日所知厚者區區之心愛莫爲助只願諸君都做箇古之大臣古之所謂大臣者更不稱他有甚知謀才畧只是一箇斷斷無他技休休如有容而已諸君知謀才畧自是超然出於衆人之上所未能自信者只是未能致得自

已良知未全得斷斷休休體段耳今天下事勢如沉痾積痿所望以起死回生者實有在於諸君子若自已病痛未能除得何以能療得天下之病此區區一念之誠所以不能不爲諸君一竭盡者也諸君每相見時幸默以此意相規切之須是克去己私真能以天地萬物爲一體實康濟得天下挽回三代之治方是不負如此 聖明之君方能報得如此知遇不枉了因此一大事來出世一遭也病卧山林只好修藥餌苟延喘息但於諸君出處亦有痛癢相關者不覺縷縷至此幸亮此情也

答以乘憲副　丁亥

此學不明於世久矣而舊聞舊習障蔽纏繞一旦驟聞吾說未有不非詆疑議者然此心之良知昭然不昧萬古一日但肯平心易氣而以吾說反之於心亦未有不洞然明白者然不能即此奮志進步勇脫窠臼而猶依違觀望於其間則舊聞舊習又從而牽滯蔽塞之矣此近時同志中往往皆有是病不識以乘別後意思却如何耳昔有十家之村皆荒其百畝而日惟轉糴於市取其贏餘以贍朝夕者鄰村之農勸之曰爾朝夕轉糴勞費無期曷若三年耕則餘一年

之食數年耕可積而富矣其二人聽之舍糴而田八家之人競相非沮遏室人老幼亦交徧歸謫曰我朝不糴則無以爲饔暮不糴則無以爲飧朝夕不保安能待秋而食乎其一人力田不顧卒成富家其一人不得已復棄田而糴竟貧餒終身焉今天下之人方皆轉糴於市忽有舍糴而田者寧能免於非謫乎要在深信弗疑力田而不顧乃克有成耳兩承書來皆有邁往直進相信不疑之志殊爲浣慰人還附知少致切劘之誠當不以爲迂也

答伍汝眞僉憲　丁亥

書來見相念之厚感媿感媿彼此情事何俟於今日之言乎士潔之怨蓋有不度於事理矣數年憂居身在井中下石者紛然不已已身且不敢一昂首視況能爲人辯是非乎昔人有言何以止謗曰無辯人之是非毁譽如水之濕如火之熱久之必見豈能終掩其實者故有其事不可辯也無其事不必辯也無其事而辯之是自謗也有其事而辯之是益增己之惡而甚人之怒也皆非所以自修而平物也今 主上聖明無比洞察隱微在位諸公皆兢兢守正奉法京師事體與往時大有不同故二君今日之事惟宜安

靜自處以聽其來順受之而已耳天下事往往多有求榮而反辱求得而反失者在傍人視之甚明及身當其事則冥行而罔覺何也榮辱得失之患交戰於其中是以迷惑而不能自定耳區區非徒爲此迂闊之言而苟以寬二君之心者二君但看數年來區區所以自處者如何當時若不自修自耐但一開口與人辯則其擠排戮辱之禍將必四面而立至寧獨數倍於今日而已乎當時諸君從傍靜觀其事勢豈不洞見諸君之事自與區區休戚相關故今日之言非獨以致惻怛之愛於二君實亦所以自愛也幸以此

意致之士潔北行且勿徃爲是徃必有悔矣迫切之言不罪不罷

與陳惟濬　丁亥

江西之會極草草尚意得同舟旬日從容一談不謂旣入省城人事紛沓及登舟時惟濬已行矣沿途甚怏怏抵梧後即赴南寧日不暇給亦欲遣人相期來此早晚略暇時可閑話而此中風土絶異炎瘴尤不可當家人輩到此無不病者區區咳患亦因熱大作痰痢腫毒交攻度惟濬斷亦不可以居此又復已之近得聶文蔚書知已入漳患難困苦之餘所以動心

忍性增益其所不能者宜必日有所進養之以福正在此時不得空放過也聖賢論學無不可用之工只是致良知三字尤簡易明白有實下手處更無走失近時同志亦已無不知有致良知之説然能於此實用工者絶少皆縁見得良知未眞又將致字看太易了是以多未有得力處雖比往時支離之説稍有頭緒然亦只是五十步百步之間耳就中亦有肯精心體究者不覺又轉入舊時窠臼中反爲文義所牽滯工夫不得洒脱精一此君子之道所以鮮也此事必須得師友時時相講習切劘自然意思日新自出山

來不覺便是一年山中同志結廬相待者尚數十人時有書來儘令人感動而地方重務勢難輕脫病軀又日狼狽若此不知天意竟如何也文蔚書中所論迥然大進眞有一日千里之勢可喜可喜頗有所詢病中草草答大略見時可取視之亦有所發也

寄安福諸同志 丁亥

諸友始爲惜陰之會當時惟恐只成虛語邇來乃聞遠近豪傑聞風而至者以百數此可以見良知之同然而斯道大明之幾於此亦可以卜之矣喜慰可勝言耶得虞卿及諸同志寄來書所見比舊又加親切

足驗功夫之進可喜可喜只如此用功去當不能有他歧之惑矣明道有云寧學聖人而不至不以一善而成名此爲有志聖人而未能眞得聖人之學者則可如此說若今日所講良知之說乃眞是聖學之的傳但從此學聖人却無有不至者惟恐吾儕尚有一善成名之意未肯專心致志於此耳在會諸同志雖未及一一面見固已神交於千里之外相見時幸出此共勉之王子茂寄問數條亦皆明切中間所疑在子茂亦是更須誠切用功到融化時并其所疑亦皆釋然沛然不復有相阻礙然後爲眞得也凡工夫只

是要簡易真切愈真切愈簡易愈簡易愈真切病咳中不能多及亦不能一一備列姓字幸以意亮之而已

答何廷仁　戊子

區區病勢日狼狽自至廣城又增水瀉日夜數行不得止今遂兩足不能坐立須稍定即踰嶺而東矣諸友皆不必相候果有山陰之興即須早鼓錢塘之舵得與德宏汝中輩一會聚彼此當必有益區區養病本去已三月旬日後必得　旨亦遂發舟而東縱未能遂歸田之願亦必得一還陽明與諸友亦必得一

面而别且後會又有可期也千萬勿復遲疑徒擔誤日月揔及隨舟而行沿途官吏送迎請謁斷亦不能有須臾之暇宜悉此意書至即撥冗德宏汝中輩亦可促之早爲北上之圖伏枕潦草九月十六日

與德洪汝中　丁亥

家事頼廷豹糾正而德洪汝中又相與熏陶切劘於其間吾可以無内顧矣紹興書院中同志不審近来意向如何德洪汝中既任其責當能振作接引有所興起會講之約但得不廢其間縱有一二懈弛亦可因此挾持不致遂有傾倒餘姚又得應元諸友作興

鼓舞想益日異而月不同老夫雖出山林亦每以自慰諸賢皆一日千里之足豈俟區區有所警策聊亦以此示鞭影耳即日已抵肇慶去梧不三四日可到方入宂塲未能多及千萬 心亮紹興書院及餘姚各會同志諸賢不能一一列名字幸亮

二 戊子

地方事幸遂平息相見漸可期矣近来不審同志叙會如何得無法堂前今已草深一丈否想卧龍之會雖不能大有所益亦不宜 遂爾荒落且存餼羊後或興起亦未可知餘姚得應元諸友相與倡率爲益不

小近有人自家鄉來聞龍山之講至今不廢亦殊可喜書到望爲寄聲益相與勉之九十弟與正憲輩不審早晚能來親近否彼或自絕望且誘掖接引之諒與人爲善之心當不俟多喋也汝佩良輔蘇松之行如何胡惟一今歲在舍弟處設帳如何魏廷豹決能不負所托兒輩或不能率教亦望相與扶持之人行匆匆百不一及諸同志不能盡列姓字均致此意

三 戊子

德宏汝中書來見近日工夫之有進足爲喜慰而餘姚紹興諸同志又能相聚會講切奮發興起日勤不

懈吾道之昌真有火然泉達之機矣喜幸當何如哉喜幸當何如哉此間地方悉已平靖只因二三大賊巢爲兩省盜賊之根株淵藪積爲民患者心亦不忍不爲一除翦又復遲留二三月今亦了事矣旬月間便當就歸途也守儉守文二弟近承夾持啓廸想亦漸有所進正憲尤極懶惰若不痛加針砭其病未易能去父子兄弟之間情旣迫切責善反難其任乃在師友之間想平日骨肉道義之愛當不俟於多囑也書院規制近聞頗加修葺是亦可喜寄去銀二十兩稍助工費墻垣之未堅完及一應合整備者酌量爲

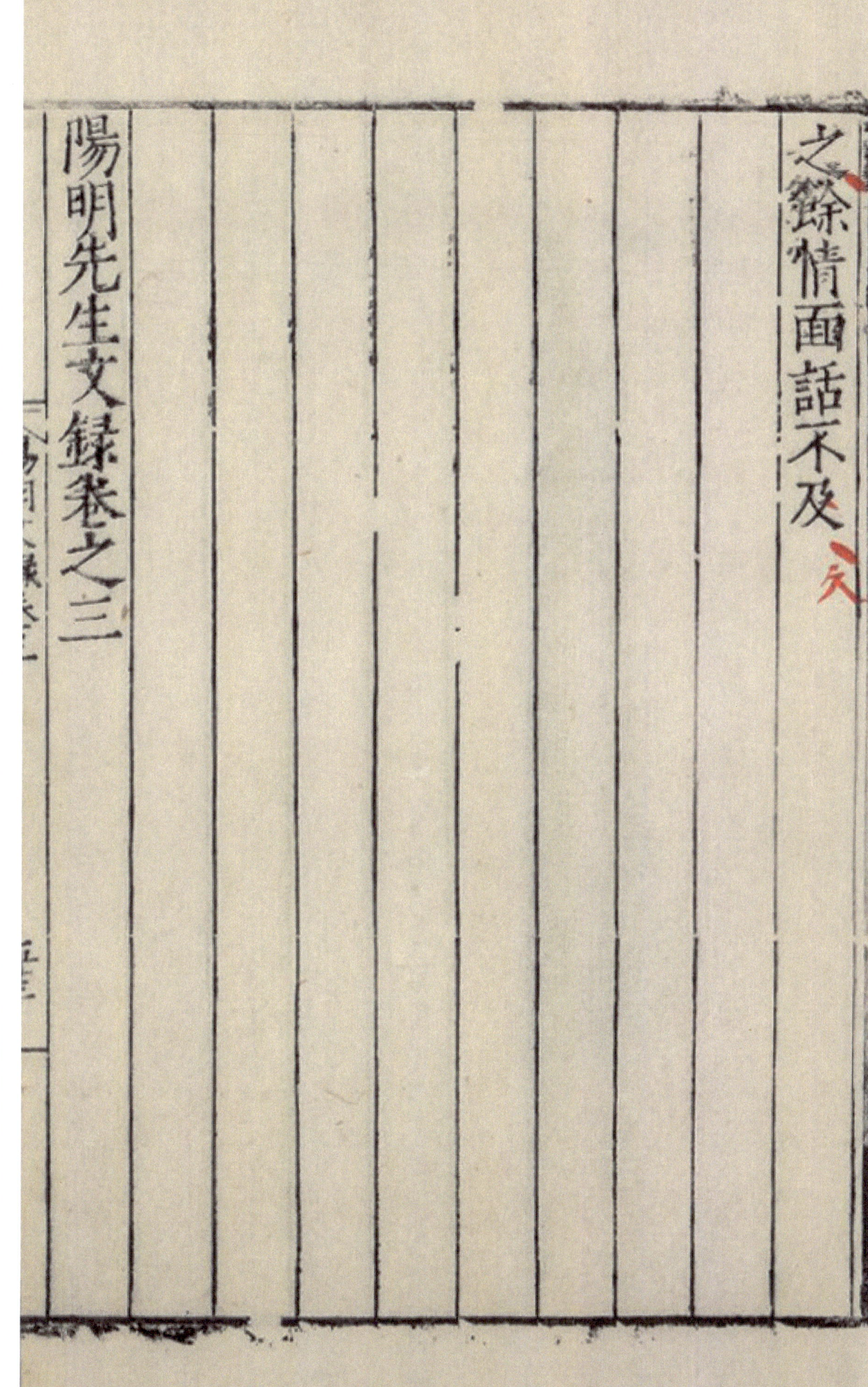
之餘情面話不及

陽明先生文録巻之三

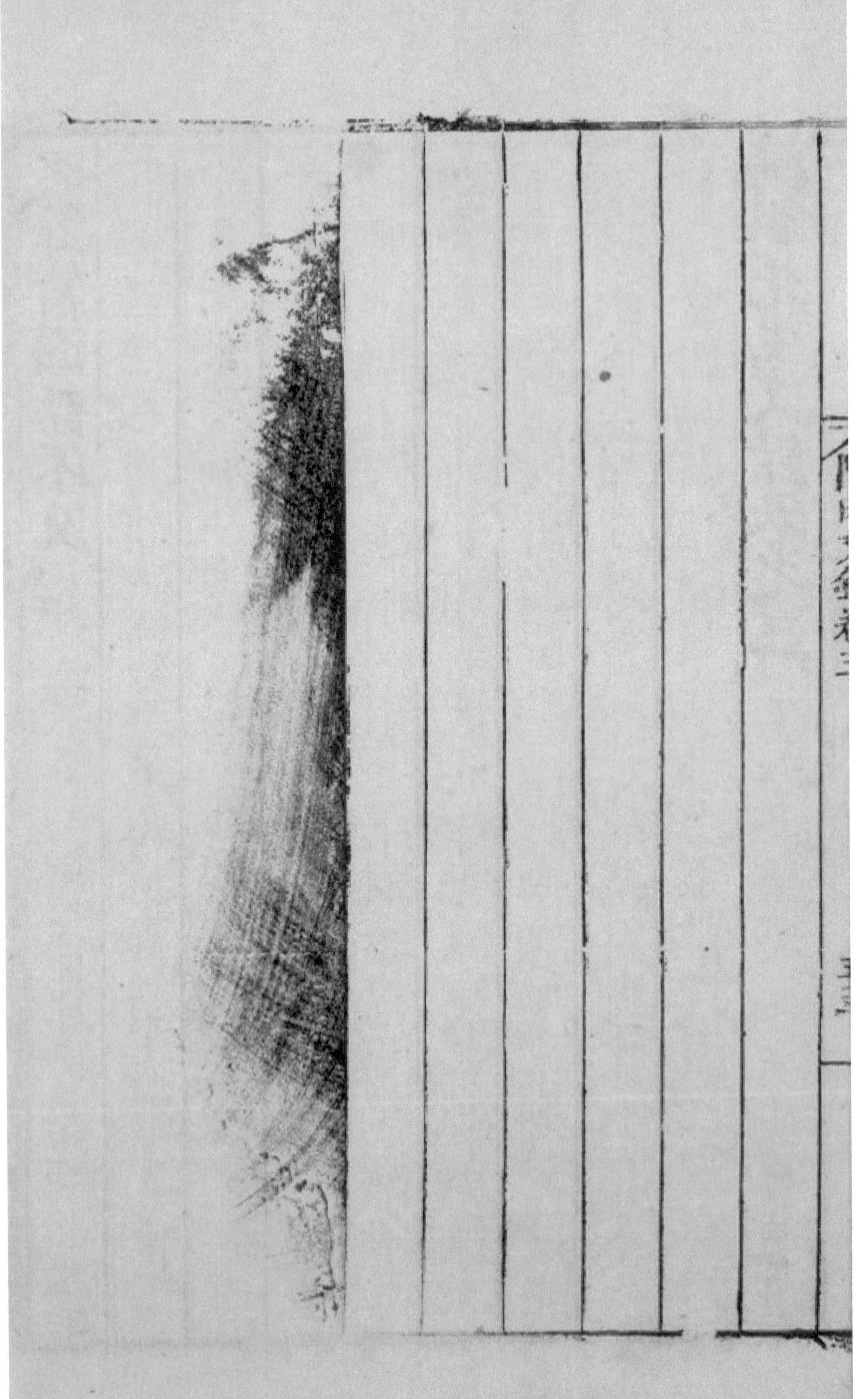

陽明先生文録卷之四

書

答佟太守求雨 癸未

昨楊李二丞來備傳尊教且詢致雨之術不勝慚悚今早諶節推辱臨復申前請尤爲懇至令人益增惶懼天道幽遠豈凡庸所能測識然執事憂勤爲民之意眞切如是僕亦何可以無一言之復孔子云丘之禱久矣蓋君子之禱不在於對越祈祝之際而在於日用操存之先執事之治吾越幾年於此矣凡所以爲民祛患除弊興利而致福者何莫而非先事之禱

而何俟於今日然而旱暑尚存而雨澤未應者豈別有所以致此者歟古者歲旱則爲之主者減膳徹樂省獄薄賦脩祀典問疾苦引咎賑乏爲民遍請於山川社稷故有吁天求雨之祭有省咎自責之文有歸誠請旼之禱蓋史記所載湯以六事自責禮謂大雩帝用盛樂春秋書秋九月大雩皆此類也僕之所聞於古如是未聞有所謂書符呪水而可以得雨者也唯後世方術之士或時有之然彼皆有高潔不汚之操特立堅忍之心雖其所爲不必合於中道而亦有以異於尋常是以或能致此然皆出於小說而不見

於經傳君子猶以爲附會之談又況如今之方士之流曾不少殊於市井嚚頑而欲望之以揮斥雷電呼吸風雨之事豈不難哉僕謂執事且宜出齋於聽事罷不急之務開省過之門洗簡寃滯禁抑奢繁淬誠滌慮痛自悔責以爲入邑之民請於山川社稷而彼方士之祈請者聽民間從便得自爲之但弗之禁而不專倚以爲重輕夫以執事平日之所操存苟誠無愧於神明而又臨事省惕躬帥僚屬致懇乞誠雖天道亢旱亦自有數使人事良脩旬日之内自宜有應僕雖不肖無以自别於凡民使可以誠有致雨之術

亦安忍坐視民患而恬不知顧乃勞執事之僕僕豈無人之心者耶一二日内僕亦將禱於南鎮以助執事之誠執事其但爲民悉心以請毋惑於邪說毋急於近名天道雖遠至誠而不動者未之有也

答毛憲副 戊辰

昨承遣人喻以禍福利害且令勉赴太府請謝此非道誼深情决不至此感激之至言無所容但差人至龍場陵侮此自差人挾勢擅威非太府使之也龍場諸夷與之爭鬬此自諸夷憤慍不平亦非使之也然則太府固未嘗辱某某亦未嘗傲太府何所得罪而

遽請謝乎跪拜之禮亦小官常分不足以爲辱然亦不當無故而行之不當行而行與當行而不行其爲取辱一也廢逐小臣所守以待死者忠信禮義而已又棄此而不守禍莫大焉凡禍福利害之說某亦嘗講之君子以忠信爲利禮義爲福苟忠信禮義之不存雖禄之萬鍾爵以侯王之貴君子猶謂之禍與害如其忠信禮義之所在雖剖心碎首君子利而行之自以爲福也况於流離竄逐之微乎某之居此蓋瘴癘蠱毒之與處魑魅魍魎之與遊日有三死焉然而居之泰然未嘗以動其中者誠知生死之有命不以

一朝之患而忘其終身之憂也太府苟欲加害而在我誠有以取之則不可謂無憾使吾無有以取之而橫罹焉則亦瘴癘而已爾蠱毒而已爾魑魅魍魎而已爾吾豈以是而動吾心哉執事之諭雖有所不敢承然因是而益知所以自勵不敢苟有所隳墮則某也受教多矣敢不頓首以謝

與安宣慰 戊辰

某得罪朝廷而來惟竄伏陰崖幽谷之中以禦魍魎則其所宜故雖夙閽使君之高誼經旬月而不敢見若甚簡亢者然省愆內訟痛自削責不敢比數於

冠裳則亦逐臣之禮也使君不以爲過使廩人餽粟庖人餽肉圉人代薪水之勞亦寧不貴使君之義而諒其爲情乎自惟罪人何可以辱守土之大夫懼不敢當輙以禮辭使君復不以爲罪昨者又重之以金帛副之以鞍馬禮益隆情益至某益用震悚是重使君之辱而甚逐臣之罪也愈有所不敢當矣使者堅不可郤來其說而不得無已其周之乎周之亦可受也敬受米一石柴炭雞鵝悉受如來數其諸金帛鞍馬使君所以交於卿士大夫者施之逐臣殊駭觀聽敢固以辭伏惟使君處人以禮恕物以情不至再辱

則可矣

二 戊辰

減驛事非罪人所敢與聞承使君厚愛因使者至閑

問及之不謂其遂達諸左右也悚息悚息然已承見

諭則又不可默凡 朝廷制度定自 祖宗後世守

之不敢以擅改改在 朝廷且謂之變亂況諸侯乎

縱 朝廷不見罪有司者將執法以繩之使君必且

無益縱遂幸免於一時或五六年或八九年雖遠至

二三十年矣當事者猶得持典章而議其後若是則

使君何利焉使君之先自漢唐以來千幾百年土地

人民未之或改所以長久若此者以能世守天子法竭忠盡力不敢分寸有所違越故天子亦不得踰禮法無故而加諸忠良之臣不然使君之土地人民富且盛矣　朝廷悉取而郡縣之其誰以爲不可夫驛可減也亦可增也驛可改也宣慰司亦可革也由此言之殆甚有害使君其未之思耶所云奏功陞職事意亦如此夫剗除寇盜以撫綏平良亦守土之常職今縷舉以要賞則　朝廷平日之恩寵禄位顧將欲以何爲使君爲參政亦已非設官之舊今又干進不已是無底極也衆必不堪夫宣慰守土之官故得

以世有其土地人民若叅政則流官矣東西南北惟
天子所使　朝廷下方尺之檄委使君以一職或
閩或蜀其敢弗行乎則方命之誅不旋踵而至捧檄
從事千百年之土地人民非復使君有矣由此言之
雖今日之叅政使君將恐辭去之不速其又可再乎
凡此以利害言揆之於義反之於心使君必自有不
安者夫拂心違義而行衆所不與鬼神所不嘉也承
問及不敢不以正對幸亮察

三　戊辰

阿賈阿札等畔宋氏爲地方患傳者謂使君使之此

雖或出於妬婦之口然阿賈等自言使君嘗錫之以
氈刀遺之以弓弩雖無其心不幸乃有其迹矣始三
堂兩司得是說即欲聞之於　朝旣而以使君平日
忠實之故未必有是且信且疑姑令使君討賊苟遂
出軍勦撲則傳聞皆妄何可以濫及忠良其或坐觀
逗遛徐議可否亦未爲晩故且隱忍其議所以待使
君者甚厚旣而文移三至使君始出衆論紛紛疑者
將信喧騰之際適會左右來獻阿麻之首偏師出解
洪邊之圍群公又復徐徐今又三月餘矣使君稱疾
歸卧諸軍以次潛回其間分屯寨堡者不聞擒斬以

宣國威惟增摽掠以重民怨衆情愈益不平而使君之民罔所知識方揚言於人謂宋人之難當使宋氏自平安氏何與而反爲之役我安氏連地千里擁衆四十八萬深坑絶地飛鳥不能越猿猱不能攀縱遂高坐不爲宋氏出一卒人亦卒如我何斯言已稍稍傳播不知三堂兩司已嘗聞之否使君誠久卧不出安氏之禍必自斯言始矣使君與宋氏同守土而使君爲之長地方變亂皆守土者之罪使君能獨委之宋氏乎夫連地千里孰與中土之一大郡擁衆四十八萬孰與中土之一都司深坑絶地安氏有之然

安氏者環四面而居以百數也今播州有楊愛愷黎有楊友酉陽保靖有彭世麒等諸人斯言苟聞於朝朝廷下片紙於楊愛諸人使各自爲戰共分安氏之所有蓋朝令而夕無安氏矣深坑絶坉何所用其險使君可無寒心乎且安氏之轍四十八支更迭而爲令使君獨傳者三世而群支莫敢爭以　朝廷之命也苟有可乘之釁孰不欲起而代之乎然則揚此言於外以速安氏之禍者殆漁人之計蕭墻之憂未可測也使君宜速出軍平定反側破衆讒之口息多端之議弭方興之變絶難測之禍補既往之愆要將

來之福某非爲人作說客者使君幸熟思之

答人問神仙 戊辰

詢及神仙有無無請其事三至而不答非不欲答也無可答耳昨令弟來必欲得之僕誠生八歲而即好其說今已餘三十年矣齒漸摇摇髮已有一二莖變化成白目光僅盈尺聲聞函丈之外又能經月臥病不出藥餌驟進此殆其效也而相知者猶妄謂之能得其道足下又妄聽之而以見詢不得已姑爲足下妄言之古有至人淳德凝道和於陰陽調於四時去世離俗積精全神遊行天地之間視聽八遠之外若

廣成子之千五百歲而不衰李伯陽歷商周之代西
度函谷亦嘗有之若是而謂之曰無疑於欺子矣然
其呼吸動靜與道爲體精骨完久禀於受氣之始此
殆天之所成非人力可強也若後世拔宅飛昇點化
投奪之類譎怪奇駭是乃秘術曲技尹文子所謂幻
釋氏謂之外道者也若是而謂之曰有亦疑於欺子
矣夫有無之閒非言語可况存久而明養深而自得
之未至而強揄信亦未必能及也蓋吾儒亦自有神
仙之道顏子三十二而卒至今未亡也足下能信之
乎後世上陽子之流蓋方外技術之士未可以爲道

若達磨慧能之徒則庶幾近之矣然而未易言也足下欲聞其說須退處山林三十年全耳目一心志曾中洒洒不掛一塵而後可以言此今去仙道尚遠也妄言不罪

答儲柴墟 壬申

盛价來適人事紛紜不及細詢北來事既還却殊怏怏承示劉生墓誌此實友義所關文亦縝密獨叙乃父側室事頗傷忠厚未刻石刪去之為佳子於父過諫而過激不可以為幾稱子之美而發其父之陰私不可以為訓宜更詳之喻及交際之難此殆繆於私

意君子與人惟義所在厚薄輕重已無所私焉此所以爲簡易之道世人之心雜於計較毀譽得喪交於中而眩其當然之則是以處之愈周計之愈悉而行之愈難夫大賢吾師次賢吾友此天理自然之則豈以是爲炎凉之嫌哉吾兄以僕於今之公卿若某之賢者則稱謂以友生若某與某之賢不及於某者則稱謂以侍生豈以矯時俗炎凉之弊非也夫彼可以爲吾友而吾可以友之彼又吾友也吾安得而弗友之彼不可以爲吾友而吾不可以友之彼又不吾友也吾安得而友之夫友也者以道也以德也天下莫

大於道莫貴於德道德之所在齒與位不得而干焉僕於某之謂矣彼其無道與德而徒有其貴與齒也則亦貴齒之而已然若此者與之見亦寡矣非以事相臨不往見也若此者與凡交游之隨俗以待生而來者亦隨俗而待生之所謂事之無害於義者從俗可也千乘之君來與之友而不可得非在我有所不屑乎嗟乎友未易言也今之所謂友或以藝同或以事合徇名逐勢非吾所謂輔仁之友矣仁者心之德人而不仁不可以爲人輔仁求以全心德也如是而後友今特以技藝文辭之工地勢聲譽之重而鶩然

欲以友乎賢者賢者弗與也吾兄抜褻炎凉之說貴賤少長之論殆皆有未盡歟孟子曰友也者不可以有挾孟獻子之友五人無獻子之家者也曾以貴賤乎仲由少顔路三歲囬由之相處蓋友也囬與曾點同時參曰昔者吾友曾以少長乎將矯時俗之炎凉而自畔於禮其間不能以寸矣吾兄又以僕於後進之來其質美而才者多以先後輩相處其庸下者又待以客禮疑僕別有一道是道也奚有於別凡後進之來其才者皆有意於斯道者也吾安得不以斯道處之其庸下者不過世俗泛然一接吾亦世俗泛然

待之如鄉人而已昔伊川初與呂希哲爲同舍友待之友也既而希哲師事伊川待之弟子也謂敬於同舍而慢於弟子可乎孔子待陽貨以大夫待回賜以弟子謂待回賜不若陽貨可乎師友道廢久後進之中有聰明特達者頗知求道往往又爲先輩待之不誠不諒其心而務假以虛禮以取悅於後進干待士之譽此正所謂病於夏畦者也以是師友之道日益淪沒無由復明僕常以爲世有周程諸君子則吾固得而執弟子之役乃大幸矣其次有周程之高弟焉吾猶得而私淑也不幸世又無是人有志之士倀倀

其將焉求乎然則何能無憂也憂之而不以責之已責之已而不以求輔於人求輔於人而待之不以誠終亦必無所成而已耳凡僕於今之後進非敢以師道自處也將求其聰明特達者與之講明因以自輔也彼自以後進求正於我雖不師事我固有先後輩之道焉伊川瞑目而坐游楊侍立不敢去重道也今世習於曠肆憚於撿飭不復知有此事幸而有一二後進略知求道爲事是有復明之機又不誠心直道與之發明而徒闒然媚世苟且阿俗僕誠痛之惜之傳曰師嚴然後道尊道尊然後民知敬學夫人必有

所嚴憚然後言之而聽之也審施之而承之也肅凡若此者皆求以明道循理而行非有容私於其間也伊尹曰天之生斯民也使先知覺後知使先覺覺後覺予天民之先覺也非予覺之而誰也是故大知覺於小知小知覺於無知大覺覺於小覺小覺覺於無覺夫己大知大覺矣而後以覺於天下不亦善乎然而未能也遂自以小知小覺而不敢以覺於人則終亦莫之覺矣仁者固如是乎夫仁者己欲立而立人己欲達而達人僕之意以爲己有分寸之知即欲同此分寸之知於人己有分寸之覺即欲同此分寸

之覺於人人之小知小覺者益衆則其相與爲知覺也益易以明如是而後大知大覺可期也僕於今之後進尚不敢以小知小覺自處譬之凍餒之人知耕桑之可以足衣食而又偶聞藝禾樹桑之法將試爲之而遂以告其凡凍餒者使之共爲之也亦何嫌於巳之未嘗樹藝而遂不以告之乎雖然君子有諸己而後求諸人僕蓋未嘗有諸己也而可以求諸人乎夫亦謂其有意於僕而來者耳承相問輒縷縷至此有未當者不惜往復

二

壬申

昨者草率奉報意在求正不覺蕪冗承長箋批答推許過盛殊增悚汗也來喻責僕不以師道自處恐亦未爲誠心直道顧僕何人而敢以師道自處哉前書所謂以前後輩處之者亦謂僕有一日之長而彼又有求道之心者耳若其年齒相若而無意於求道者自當如常待以客禮安得例以前後輩處之是亦妄人矣又況不揆其來意之如何而抗顔以師道自居世寧有是理邪夫師云者非可以自處得也彼以是求我而我以是應之耳嗟乎今之時孰有所謂師云乎哉今之習技藝者則有師習舉業求聲利者則有

師彼誠知技藝之可以得衣食舉業之可以得聲利
而希美官爵也自非誠知己之性分有急於衣食官
爵者孰肯從而求師哉夫技藝之不習不過乏衣食
舉業之不習不過無官爵己之性分有所蔽悖是不
得爲人矣人顧明彼而暗此也可不大哀乎往時僕
與王寅之劉景素同遊太學每季考寅之恒居景素
前列然寅之自以爲講貫不及景素一旦執弟子禮
師之僕每嘆服以爲如寅之者眞可謂豪傑之士使
寅之易此心以求道亦何聖賢之不可及然而寅之
能於彼不能於此也曾子病革而易簀子路臨絶而

結纓橫渠撤虎皮而使其子弟從講於二程惟天下之大勇無我者能之今天下波頹風靡爲日已久何異於病革臨絶之時然又人是已見莫肯相下求正故居今之世非有豪傑獨立之士的見性分之不容已毅然以聖賢之道自任者莫知從而求師也吾兄又疑後進之來其資禀意向雖不足以承教若其齒之相遠者恐亦不當槩以客禮相待僕前書所及蓋與有意於斯道者相屬而言亦謂其可以客可以無客者耳若其齒數邈絶而名分具存有不待言矣孔子使闕黨童子將命曰吾見其居於位也見其與先

生並行也非求益者也欲速成者也亦未嘗無誨焉雖然此皆以不若已者言也若其德器之夙成識見之超詣者雖生於吾後數十年其大者吾師次者吾友也得以齒序論之哉人歸遽劇極潦草便間批復可否不一一

答何子元 壬申

來書云禮曾子問諸侯見天子入門不得終禮廢者幾孔子曰四又問諸侯相見揖入門不得終禮廢者幾孔子曰六而日食存焉曾子曰當祭而日食太廟火其祭也如之何孔子曰接祭而已矣如

牲至未殺則廢孟春於此有疑焉天子崩太廟火后夫人之喪雨霑服失容此事之不可期或適相値若日食則可預推也諸侯行禮獨不容以少避乎祭又何必專於是日而匆匆於接祭哉牲未殺則祭廢當殺牲之時而不知日食之候者何也執事幸以見教千萬千萬

承喻曾子問日食接祭之說前此蓋未嘗有疑及此者足見爲學精察深用嘆服如某淺昧何足以辨此古者天子有日官諸侯有日御日官居卿以底日日御不失日以授百官之朝豈有當祭之日而尚未知

有日食者夫子答曾子之問竊意春秋之時日官多失其職固有日食而弗之知者矣堯命羲和敬授人時何重也仲康之時去堯未遠羲和已失其職迷於天象至日食罔聞知故有胤之征降及商周其職益輕平王東遷政教號令不及於天下自是而後官之失職又可知矣春秋所書日食三十有六今以左傳考之其以鼓用牲幣于社及其他變常失禮書者三之一其以官失其職書者四之二凡日食而不書朔日者杜預皆以爲官失之故其必有考也經桓公十七年冬十月朔日有食之傳曰不書日官失之也僖

公十五年夏五月日有食之傳曰不書朔與日官失之也則傳固已言之矣襄公之二十七年冬十二月乙卯朔日有食之而傳曰辰在申司曆過也再失閏矣夫推候之繆至於再失閏則日食之不知殆其細者矣古之祭者七日戒三日齋致其誠敬以交於神明謂之當祭而日食則固已行禮矣如是而中輟之不可也接者疾速之義其儀節固已簡略接祭則可兩全而無害矣況此以天子嘗禘郊社而言是乃國之大祀若其他小祭則或自有可廢者在權其輕重而處之若祭于太廟而太廟火則亦似有不得不廢

者然此皆無明文竊意其然不識高明且以爲何如也

上晉溪司馬 戊寅

郴衡諸處群孽漏殄尚多蓋緣進勦之時彼省士兵不甚用命而廣兵防夾又復稍遲是以致此其在目今若無凶荒之災兵革之釁料亦未敢動作但恐一二年後則有所不能保耳今大征甫息勢既未可輕舉而地方新遭土兵之擾復不堪重困將紓目前之患不過添立屯堡若欲稍爲經久之圖亦不過建立縣治然此二端彼省鎮巡已嘗會奏舉行生雖復往

豈能別有區畫但度其事勢屯堡之設雖可以張布聲威然使守瞭日久未免怠弛散歸無事則虚具名數冒費粮餉有急即張皇賊勢復湏調兵此其勢之所必至者惟建縣一事頗爲得策又聞所設縣分乃瓜分兩省三縣之地彼此各各土地人民豈肯安然割已所有以資異省別郡必有紛爭異同之論未能歸一則立縣之舉勢亦未易克就既承責委亦已遣人再往詢訪苟有利弊稍可裨益者當復舉請但因閩事孔棘遥聞廟堂之議亦欲繆以見責故且未敢輙往郴桂然勑書久未見到則閩中亦不敢遽

徃旦夕諮訪其事頗悉顛末大槩閩中之變亦由積漸所致其始作於延平繼發於邵武又繼發於建寧發於汀漳發於沿海諸衛所其間驚鬨雖小大不一然亦皆因倡於前者畧無懲創遂敢效尤而興今省城渠魁雖已授首人心尚爾驚惶未定邵武諸處尤不可測急之必致變緩而不問將來之禍尤有不可勝言者蓋福建之軍縱恣驕驁已非一日既無漕運之勞又無征戍之役飽食安坐徭賦不及居則朘民之膏血以供其粮有事返藉民之子弟而爲之用有司豢養若驕子百姓疾畏如虎狼稍不如意呼吸群

聚而起焚掠居民鄉苔官吏氣燄所加怗然惟其所欲而後已今其勢既盈如將潰之隄岌乎汹汹匪朝伊夕雖有智者難善其後固非迂劣如守仁者所能辦此也又況積弱之軀百病侵剥近日復聞祖母病危日夜痛苦方寸已亂豈復堪任臨期敗事罪戮益重輒敢先以情訴伏望曲加矜憫改授能者使生得全首領歸延殘息於田野非生一人之幸實一省數百萬生靈之幸也情蹙辭隘忘其突冒死罪死罪

二 己卯

齎奏人回毋辱須教接引開慰勤惓懇惻不一而足

仁人君子愛物之誠與人之厚雖在木石亦當感動
激發而况於人乎無能報謝銘諸心腑而已生始愍
齓乞歸誠以祖母鞠育之恩恩一面爲訣後竟牽滯
兵戈不及一見永抱終天之痛今老父衰疾又復日
亟而地方已幸無事且蒙 朝廷曾有賊平來說之
旨君𠕋拘縛使不獲一申其情後雖萬死無以贖其
痛恨矣老先生亦何惜一舉手投足之勞而不以曲
全之乎今生已移疾舟次若復候 命不至斷亦逃
回死無所憾老先生亦何惜一舉手投足之勞而必
欲置之有罪之地乎情隘辭迫瀆冒威嚴臨紙涕泣

不知所云死罪死罪

上彭幸菴 壬午

不孝延禍先子自惟罪逆深重以擯絶於大賢君子之門矣然猶強息忍死未即殞滅又復有所控籲者痛惟先子平生孝友剛直言行一出其心之誠然而無所飾於其外與人不爲邊幅而至於當大義臨大節則毅然奮卓而不可回奪忝從大夫之後逮事先朝亦既萃被知遇中遭逆瑾之變退伏田野忠貞之志抑而不申近幸中興之會 聖君賢相方與振廢起舊以發舒幽枉而先子則亡已矣德蘊壅閼

而未宣終將泯湮於俗豈不痛哉伏惟執事才德勲
烈動一世忠貞之節剛大之氣屹然獨峙百撼不揺
眞足以廉頑而立懦　天子求舊圖新復起以相海
内仰望其風采凡天下之韜伏堙滯窒而求通紬而
求直者莫不延頸跂足望下風而奔訴况先子素辱
知與不肖孤亦嘗受教於門下近者又蒙爲之刷垢
雪穢繆承推引之恩蓋不一而足者反自踈外不一
以其情爲請是委先子於溝壑而重棄於大賢君子
也不孝之罪不滋爲甚歟先子之没有司以贈謚乞
非執事之憫之也而爲之一表白焉其敢覬覦於萬

一乎荒迷懇迫不自知其僭罔瀆冒死罪死罪

寄楊遯菴閣老　壬午

孤聞之衍古之君子之葬其親也必求名世大賢君子之言以圖其不朽然而大賢君子之生不數數於世固有世有其人而不獲同其時者矣又有同其時而限於勢分無由自通於門墻之下者矣則夫圖不朽於斯人者不亦難乎痛惟先君宅心制行庶亦無媿於古人雖已忝在公卿之後而歷官未久志未大行道未大明取嫉權奸歛德而歸今則復長已矣不孝孤將以是歲之冬舉葬事圖所以爲不朽者惟墓

石之誌爲重伏惟明公道德文章師表一世言論政
烈刑儀百辟求之昔人蓋歐陽文忠范文正韓魏公
其人也所謂名世之大賢君子非明公其誰歟不幸
而生不同時也則亦已矣幸而猶及在後進之末雖
明公固所不屑揮之門墻之外猶將冒昧強顔而入
焉況先君蒙辱知與不肖孤又嘗在屬吏之末受教
受恩懷知己之感有道誼骨肉之愛邇者又嘗辱使
臨吊寵之以文詞惻然憫念其遺孤而不忍遽棄遺
之者是以忘其不孝之罪犯僭踰之戮而輒敢以誌
爲請伏惟明公休休容物篤厚舊故甄陶一世之士

而各欲成其名收録小大之才而惟恐沒其善則如先君之素受知愛者其忍靳一言之惠而使之泯然無聞於世耶不腆先人之幣敢以陸司業之狀先於將命者惟明公特垂哀矜生死受賜世世子孫捐軀殞命未足以爲報也不勝惶悚顛越之至荒迷無次

二 癸未

前日嘗奉啓計已上達自明公進秉機密天下士夫忻忻然動顔相慶皆謂太平可立致矣門下鄙生獨切生憂以爲猶甚難也亭屯傾否當今之時舍明公可以望者則明公雖欲逃避乎此將亦有所不能

然而萬斛之舵操之非一手則緩急折旋豈能盡如已意臨事不得專操舟之權而僨事乃與同覆舟之罪此鄙生之所謂難也夫不專其權而漫同其罪則莫若預逃其任然在明公亦既不能逃矣逃之不能專又不得則莫若求避其罪然在明公亦終不得避矣天下之事果遂卒無所爲歟夫惟身任天下之禍然後能操天下之權操天下之權然後能濟天下之難當其權之未得也其致之甚難而其歸之也則操之甚易萬斛之舵平時從而爭操之者以利存焉一旦風濤顛沛變起不測衆方皇惑震喪救死不遑而

誰復與争操乎於是起而專之衆將恃以無恐而事囙以濟苟亦從而委靡焉固淪胥以溺矣故曰其歸之也則操之甚易者此也古之君子洞物情之向背而操其機察陰陽之消長以乘其運是以動必有成而吉無不利伊旦之於商周是矣其在漢唐蓋亦庶幾乎此者雖其學術有所不逮然亦足以定國本而安社稷則亦斷非後世偷生苟免者之所能也夫權者天下之大利大害也小人竊之以成其惡君子用之以濟其善固君子之不可一日去小人之不可一日有者也欲濟天下之難而不操之以權是猶倒持

太阿而授人以柄希不割矣故君子之致權也有道本之至誠以立其德植之善類以多其輔示之以無不容之量以安其情擴之以無所競之心以平其氣昭之以不可奪之節以端其向神之以不可測之機以懾其奸形之以必可賴之智以收其望坦然爲之下以上之退然爲之後以先之是以功蓋天下而莫之嫉善利萬物而莫與爭此皆明公之能事素所蓄而有者惟在倉卒之際身任天下之禍決起而操之耳夫身任天下之禍豈君子之得已哉既當其任知天下之禍將終不能免也則身任之而已身任之而

後可以免於天下之禍小人不知禍之不可以倖免而百詭以求脫遂致釀成大禍而己亦卒不能免故任禍者惟忠誠體國之君子能之而小人不能也某受知門下不能效一得之愚以爲報獻其芹曝伏惟鑒其忱悃而憫其所不逮幸甚

三　丁亥

某素辱愛下然久不敢奉狀者非敢自外於門墻實以地位懸絶不欲以寒暄無益之談塵瀆左右以避嫌之事賢者不爲然自嘆其非賢也非才多病待罪閒散猶懼不堪乃今復蒙顯擢此固明公不遺下體

之盛某亦寧不知感激但量能度分自計已審貪冒苟得異時僨事將爲明公知人之累此所以聞命驚惶而不敢當耳謹具奏辭免祈以原職致仕伏惟明公因材而篤於所不能特賜曲成俾得歸延病喘於林下則未死餘年皆明公之賜其爲感激寧有窮已乎懇切至情不覺瀆冒伏冀省恕不具

四 丁亥

竊惟大臣報國之忠莫大於進賢去讒故前者兩奉趣居皆嘗僭及此意亦其自信山林之志已堅而又素受知己之愛不當復避嫌疑故率意言之若此廼

者忽蒙兩廣之命則是前日之言適以爲已地也悚懼何以自容乎其以迂疎之才口耳講說之學耳簿書案牘已非其能而况軍旅之重乎往歲江西之役實亦僥倖偶成近年以來憂病積集尩羸日甚惟養痾丘園爲鄉里子弟考訂句讀使知向方庶於保身及物亦稍得效其心力不致爲天地間一蠹此其自處亦既審矣 聖天子方勵精求治而又有老先生主張國是於上苟有襪線之長者不於此時出而自效則亦無其所矣老先生往歲方秉銓軸時有以邊警薦用彭司馬者老先生不可曰彭始戒功今或少

非所以完之矣老先生之愛惜人才而欲成就之也如此至今相傳以爲美談今獨不能以此意而推之某乎懇辭疏上望賜曲成使得苟延喘息候病痊之後老先生不忍終廢必欲强使一出則如留都之散部或南北太常國子之任量其力之可能者使之自效則圖報當有日也不勝恃愛懇瀆幸賜矜察

寄席元山　癸未

某不孝延禍先子罪逆之深自分無復比數於人仁人君子尚未之知憫念其推[illegible]遠使存録重以多儀號慟拜辱豈勝哀感豈勝哀感伏惟執事長才偉志上

追古人進德勇義罕與儔匹向見鳴寃錄及承所寄道山書院記蓋信道之篤任道之勁海內同志莫敢有望下風者矣何幸何幸不肖方在苦毒中意所欲請者千萬荒迷割裂莫得其端緒使還遽臨疏昏塞不盡所云

復童克剛書 乙酉

春初枉顧時承以入策見示鄙意甚不為然旣而思之皆學術不明之故姑且與克剛講學未暇細論策之是非旬日之後學術漸明克剛知見豁然如白日之開雲霧遂翻然悔其初志即欲樊棄入策以為自

此以後誓不復萌此等好高務外之念矣當時同志
諸友無不嘆服克剛以爲不憚改過而勇於從善若
此人人皆自以爲莫及也盛价遠來忽辱長箋巨冊
諄諄懇懇意求删改前策將圖復上與臨别丁寧意
大相矛盾豈闊濶之久切磋無力遂爾迷誤至此耶
易曰君子思不出其位若克剛斯舉乃所謂思出其
位矣又曰不易乎世不成乎名遯世無悶憂則違之
若克剛斯舉是易乎世而成乎名非遯世無悶憂則
違之之謂矣克剛向處山林未嘗知有　朝廷事體
今日羣司之中縉紳士夫之列其間高明剴切之論

經畧康濟之謨何所不有如入策中所陳蓋已不知
幾十百人幾十百上矣寧復有俟於克剛耶克剛此
舉雖亦仁人志士之心然夜光之璧無因而投人亦
且按劒而怒况此入策者特克剛之敝篙耳亦何保
嗇之深而必以投人爲哉若此策遂上亦非獨不見
施行且將有指摘非訾之者其爲克剛之累不小小
也克剛亦何苦而汲汲於爲是哉入策之中類皆老
生常談惟第五策於地方利害頗有相關然亦不過
訴狀之詞一有司聽之足矣而克剛乃以爲致治盡
統之一策得無以身家之故遂爲利害所蔽而未暇

深思之耶明者一覽如見肺肝但克剛不自知耳昔者顏子在陋巷簞瓢孔子賢之夫陋巷簞瓢豈遂至於人不堪憂其間蓋亦必有患害屈抑常情所不能當如克剛今日之所遭際者矣若其時遂以控之於時君世主謫謫胥胥求白於人豈得復謂之賢乎禹稷昌言於朝過門不入以有大臣之責也今克剛居顏子陋巷之地而乃冐任禹稷之憂是宗祝而代庖人之割希不傷手矣冊末授受之說似未端的此則姑留於此俟後日再講至於入策斷斷不宜復留遂會同志諸友共付丙丁爲克剛焚此魔障克剛自此

但宜收斂精神日以忠信進德為務默而成之不言而信不見是而無悶可也

答方叔賢　丁亥

久不奉狀非敢自外實以憂疾頹仍平生知舊類不敢通問在吾兄誠不當以此例視然廣士之來遊者相踵山中起處時時聞之簡札虛文似有不必然者吾兄當能亮之也　聖主聰明不世出諸公既蒙知遇若此安可不一出圖報今日所急惟在培養君德端其志向於此有立政不足間人不足謫是謂一正君而國定然此非有忠君報國之誠其心斷斷休休

者亦只好議論粉飾於其外而已矣僕積衰之餘瘵廢日甚豈復更堪兵甲驅馳之勞況讒搆未息又可復出而冒爲之乎懇辭疏下望與扶持得且養痾林下稍俟痊復出而圖報非晚也

二　丁亥

昨見邸報知西樵兀崖皆有舉賢之疏此誠士君子立朝之盛節若千年無此事矣深用嘆服但與名其間却有一二未曉者此恐鄙人淺陋未能知人之故然此乃天下治亂盛衰所繫君子小人進退存亡之機不可以不慎也此事譬之養蠶但襍一爛蠶於其

中則一筐好蠶盡爲所壞矣凡薦賢於朝與自巳用人又自不同自巳用人權度在我故雖小人而有才者亦可以器使若以賢才薦之於朝則評品一定便如白黑其間舍短録長之意若非明言誰復知之小人之才豈無可用如砒硫芒硝皆有攻毒破壅之功但混於參苓耆朮之間而進之養生之人萬一用之不精鮮有不誤者矣僕非不樂二公有此盛舉正恐異日或爲此舉之累故輒叨叨當不以爲罪也思田事貴鄉往來人當能道其詳俗諺所謂生事事生此類是矣今此事體既巳壞盡欲以無事處之要巳不

能只求減省一分則地方亦可減省一分勞擾耳鄙見畧具奏内深知大拂喜事者之心然欲殺數千無罪之人以求成一已之功仁者之所不忍也齎奏人去凡百望指示之舟咨草草未盡鄙懷千萬鑒恕

與黄宗賢 丁亥

僕多病積衰潮熱痰嗽日甚一日皆吾兄所自知豈復能堪戎馬之役者况讒搆未息而往年江西從義將士至今查勘未已往往廢業傾家身死牢獄言之實爲痛心又何面目見之今若不量可否冒昧輕出非獨精力決不能支極其事勢正如無舵之舟乘飄

風而泛海終將何所止泊乎在諸公亦不得不爲多病之人一處此也懇辭闕下疏千望相扶持終得養痾林下是幸席元山喪已還蜀否前者奠辭想已轉達天不憖遺此痛何極數日間唐生自黃巖歸知宅上安好世恭書來備道佳子弟悉知向方可喜聞附知之

二 丁亥

得書知别後動定且知世事之難爲人情之難測有若此者徒增慨嘆而已朽才病廢百念俱息忽承重寄豈復能堪若懇辭不獲自此將爲知己之憂矣柰何柰何江西功次固不足道但已八年餘矣尚爾查

勘未息致使効忠赴義之士廢産失業身死道途縱使江西之功盡出胃濫獨不可比於留都湖浙之賞乎此事終須一白但今日言之又若有挾而要者柰何柰何木齋翁旬日間亦且啓行矣此老慎默簡重當出流輩但精力則益衰若如兀崖之論欲使之破常格以用才不顧天下之毀譽榮辱以力主國議則恐未可以是望之也因論偶及幸自知之東南小蠢特瘡疥之疾群僚百司各懷讒嫉黨比之心此則腹心之禍大爲可憂者近見二三士夫之論始知前此諸公之心尚未平貼姑待釁耳一二當事之老亦未

見有同寅協恭之誠間聞有口從面諛者退省其心多若鯡佽病廢之人愛莫爲助竊爲諸公危之不知若何而可以善其後此亦不可不早慮也兵部差官還病筆草草附此西樵兀崖皆不及別簡望同致意近聞諸公似有德色傲容者果爾將重失天下善類之心矣相見間可隱言及之

三　丁亥

近得邸報及親友書聞知石龍之於區區乃無所不用其極若此而西樵兀崖諸公愛厚勤拳亦復有加無已深用悚懼嗟乎今求朝廷之上又其有尊君之

忠憂世之切當事之勇用心之公若諸公者復何人哉若之何而不足悲也諸公旣爲此一大事出世則其事亦不得不然但於不肯則似猶有溺愛過情者異日恐終不免爲諸公知人之累耳悚懼悚懼愚田之事本亦無大緊要只爲從前張皇太過後來遂不可輕易收拾所謂天下本無事庸人自擾之耳其畧已具奏詞令往一通必得朝廷如奏中所請則地方庶可以圖久安不然反覆未可知也賤軀患咳原自南贛蒸暑中得來今地益南氣類感觸咳發益甚恐遂成痼疾不復可藥地方之事苟幸塞責山林田野

則惟其宜矣他尚何說哉西樵元崖家事極爲時輩所擠排殊可駭嘆此亦皆由學術不明近來士夫專以客氣相尚凡所毀譽不惟其是惟其多且勝者是附是和是以至此近日來接見者畧已一講已覺豁然有省發處自後此等意思亦當漸消除京師近來事體如何君子道長則小人道消疾病既除則元氣亦當自復但欲除疾病而攻治太厲則亦足以耗其元氣藥石之施亦不可不以漸也木翁邃老相與如何能不孤海內之望否亦在諸公相與調和此如行舟若把舵不定而東撑西曳亦何以致遠涉險今日

之事正須同舟共濟耳齋本人去凡百望指示

與張羅峰閣老

兩承手教深荷不遺僕迂疎之才口耳講說之學耳簿書案牘已非其能而況軍旅之重乎徃歲江西之役蓋僥倖偶集近年以來益病益衰惟養痾丘園爲鄉里子弟考正句讀使知向方庶於保身及物亦稍效其心力不至爲天地間一蠹物若必責之使出自擇其宜惟留都之散部或南北太常國學猶可勉効其機線外是舉非所能矣近日之舉雖過承繆愛然投之以其所不能則亦適所以壞之也懇辭之情跡

内亦有所不敢盡言者奏下望相與扶持曲成之時事方亟惟竭誠盡道以膺天眷不具

二 丁亥

奏本人去曾附小札腐劣多病已成廢人豈能堪此重任若懇辭不獲終不免爲相知愛者之累矣柰何柰何東南小蠢特皮膚瘙疥之疾若　朝廷之上人各有心無忠君愛國之誠讒嫉險伺黨比不已此則心腹之病大爲可憂者耳諸公方有湯藥之任蓋天下莫不聞不及今圖所以療治之異時能辭其責乎不旬日間木齋翁且啓行此老重望其愼默鎮定終

嘗與流輩不同惜其精力則盡衰矣差來官守催甚懇迫力遣許時始肯還病筆草草未盡欲言千萬心亮

答見山冢宰 丁亥

向齋本人去曾奉短札計已達左右矣朽才病廢寧堪重托懇辭之疏必須 朝廷憐准與其他日蒙顛覆之戮孰若今日以是獲罪乎東南小夷何足以動煩 朝廷若此致有今日皆由憤激所成以 主上聖明德威所被指日自將平定但廟堂之上至今未有同寅協恭之風此則殊爲可憂者耳不知諸公竟

何以感化而斡旋之大抵讒邪不遠則賢士君子斷不能安其位以有爲於時自昔當事諸公亦豈盡不知進賢而去不肖之爲美顧其平日本無忠君愛國之誠不免阿時附俗以苟目前之譽卒之悅諛信讒終於蔽賢病國而已矣來官守催力遣數四始肯還病筆草草未盡傾企

與霍兀厓宫端 丁亥

往歲曾辱大禮議見示時方在哀疚心善其說而不敢奉復既而元山亦有示使者必求復書草草作答意以所論良是而典禮已成當事者未必能改言之

徒益紛爭不若姑相與講明於下俟信從者衆然後圖之其後議論既興身居有言不信之地不敢公言於朝然士夫之間及者亦時時爲之辯析期在委曲調停漸求挽復卒亦不能有益也後來頼諸公明目張膽已申其義然如倒倉滌胃積淤宿痰雖亦快然一去而病勢亦甚危矣今日急務惟在扶養元氣諸公必有回陽奪化之妙矣僕衰病陋劣何足以與於斯耶數年來頻罹疾搆痰嗽潮熱日益尫羸僅存喘息無復人間意矣乃者忽承兩廣之推豈獨任非其才是蓋責以才力之所必不能支將以用之而實以

龔之也懇辭疏下望相與扶持曲成使得就醫林下幸而痊復量力圖報尚有時也

二 丁亥

每讀章奏見磊落奇偉之志挺特奮發之勇卓然非儕輩可望深用嘆服果得盡如所志天下之治誠可煥然一新然其事勢自有不能盡如人意者要在寬以居之仁以行之而已高明既有定見顧無俟於鄙劣者之喋喋西樵書中亦致肯綮之獻倘覽及之幸有一言示其可否也田州事實撫綏要徒勞師費財紛紛兩年重爲地方之患今於謝 恩疏中畧陳愚

見須得　朝廷俯從其議庶可以圖久安不然起伏之變未有已也齋奏人去草草附問地方之事有可見教者人還不惜示及

答潘直卿丁亥

遠承遣問情意藹切兼復獎與過分僕何以得此哉僕何以當此哉媿悚媿悚病廢日久習成懶放雖問水尋山漸亦倦興況茲軍旅之役豈其精力所復能堪已具疏懇辭必須得請始可免於後悔不然將不免爲已知之憂矣柰何柰何寄潘之役湖浙及留都之有功者皆已陞賞獨江西功次今已六七年矣尚爾

查勘未息今復欲使之荷戈從役僕將何辭以出號令亦何面目見之賞罰國之大典今乃用之以快恩仇若此僕一人不足恤其如國事何連年久分廢棄此等事不復掛之齒牙今疼痛切身不覺呻吟之發不知畢竟如何而可耳知子文道長尚未至且不作書見時望致意

寄翟石門閣老 戊子

恩田之議悉蒙裁允遂活一方數萬之生靈近者八寨斷藤之役實以生民塗炭既極不得已而爲此救焚之舉乃不意遂獲平靖此非有魏公力主於朝則

金城之議無因而定非有裴公贊决於内則淮蔡少績何由而成今日之事敢忘其所由來乎齋奏人去輒申感謝之誠并附起居之敬但惟六月徂征衝冒瘴疫將士危險頗異他時稍得沾濡亦少慰其勤苦耳處置地方數事附進得蒙贊允尤爲萬幸舟中伏枕莫既下懷伏祈鑒亮

寄何燕泉　戊子

某久卧山中習成懶僻平生故舊音問皆疎遥聞執事養高歸郴越東楚西何因一話煙水之涯徒切瞻望而已去歲復以兵革之役扶病强出殊乖始願正

如野麋入市投足搖首皆成駭觸忽枉箋教兼辱佳章捧誦洒然蓋安石東山之高靖節柴桑之興執事兼而有之矣仰嘆可知地方事尙棘辛靖伏枕已踰月旬日後亦且具疏乞還果遂所圖雖不獲握手林泉然郴嶺之下稽山之麓聊復同此悠悠之懷也使來値湖兵正還兼有計處地方之奏冗冗乃爾久稽又未能細請臨紙惘然伏冀照亮不具

二 戊子

兵冗中久缺裁候乃數承使問兼辱嘉儀重之以珍集其爲感愧何可言也僕病卧且餘四月咳痢日甚

淹淹牀席間耳聾目眩視聽皆廢故珍集之須雖喜踰珙璧之獲而精光透射尚未敢遽一瞬目其間候病疏得允苟還餘喘於田野幸而平復精神稍完然後敢納足玄圃之中盡觀天下之至寶以一快平生其時當别有請也伏枕不盡謝私伏冀照亮

與薛尚謙

得書知日孚停舟鬱孤遲遲未發此誠出於意望之外日孚好學如此豪傑之士必有聞風而起者矣何喜如之何喜如之昨見太和報効人知歐王二生者至不識曾與一言否歐生有一書可謂有志中間迷

子晦語頗失眞恐亦子晦一時言之未瑩耳大抵工夫須實落做去始能有見料想臆度未有不自誤誤人者矣此間賊巢乃與廣東山後諸賊相連餘黨往往有從遁者若非斬絶根株意恐日後必相聯而起重爲兩省之患故須更遲遲旬日與之剪除兵難遥度不可預料大抵如此小兒勞諸公勤勤開誨多感多感昔人謂教小兒有四益驗之果何如耶正之聞已到何因復歸區區久頓於外徒勞諸友往返念之極切懸懸今後但有至者須諸君爲我盡意吐露縱彼不久留亦無負其來可也

日來因兵事紛擾賊驅怯弱以此益見得工夫有得力處只是從前大段未曾實落用力虛度虛說過了自今當與諸君努力鞭策誓死進步庶亦收之桑榆耳日孚停館鬱孤恐風氣太高數日之留則可倘更稍久終恐早晚寒煖欠適區區初擬日下即回因從前征勦撤兵太速致遺今日之患故且示以久屯之形正恐後之罪今亦猶今之罪昔耳但從征官屬已萌歸心更相倡和已有不必久屯之說天下事不能盡如人意大抵皆坐此輩可歎可歎聞仕德失調意

思何如大抵心病愈則身病亦自易去縱血氣衰弱未便即除亦自不能爲心患也小兒勞開教駑駘之質無復望其千里但得帖然於皁櫪之間斯已矣門户勤早晚得無亦厭瑣屑否不一

陽明先生文録卷之四

陽明先生文録卷之五

序

羅履素詩集序 壬戌

履素先生詩一帙爲篇二百有奇浙大叅羅公某以授陽明子某而告之曰是吾祖之作也今詩文之傳皆其崇高顯赫者也吾祖隱於草野其所存要無愧於古人然世未有知之者而所爲詩文又皆淪落止是某將梓而傳焉懼人之以我爲僭也吾子以爲奚若某曰無傷也孝子仁孫之於其父祖雖其服玩嗜好之微猶將謹守而弗忍廢況乎詩文其精神心術

之所寓有足以發聞於後者哉夫先祖有美而弗傳是弗仁也夫孰得而議之蓋昔者夫子之取於詩也非必其皆有聞於天下彰彰然明著者而後取之滄浪之歌採之孺子萍實之謠得諸兒童夫固若是其寬博也然至於今其傳者不過數語而止則亦豈必其多之貴哉今詩文之傳則誠富矣使有刪述者而去取之其合於道也能幾優柔之作吾誠不足以知之顧亦豈無一言之合於道乎夫有一言之合於道是其於世也亦有一言之訓矣又况其不止於是也而又奚爲其不可以傳哉吾觀大參公之治吾浙寬

而不縱仁而有勇溫文藴藉居然稠衆之中固疑其
先必有以開之者乃今觀履素之作而後知其所從
來者之遠也世之君子苟未知大參公之所自吾請
觀於履素之作苟未知履素之賢吾請觀於大參公
之賢無疑矣然則是集也固羅氏之文獻係焉其又
可以無傳乎哉大參公起拜曰某固將以爲羅氏之
書也請遂以吾子之言序之大參公名璧字某由進
士累今官有厚德長才向用未艾大參之父某祖某
亦起家進士而以文學政事顯羅氏之文獻於此
益爲有證云

兩浙觀風詩序　壬戌

兩浙觀風詩者浙之士夫爲僉憲陳公而作也古者天子巡狩而至諸侯之國則命太師陳詩以觀民風其後巡狩廢而陳詩亦春秋之時列國之卿大夫相與盟會問遺猶各賦詩以言己志而相祝頌今觀風之作蓋亦祝頌意也王者之巡狩不獨陳詩觀風而已其始至方岳之下則望秩於山川朝見茲士之諸侯同律曆禮樂制度衣服納價以觀民之好惡就見百年者而問得失賞有功罰有罪蓋所以布王政而興治功其事亦大矣哉漢之直指循行唐宋之觀察

廉訪採訪之屬及今之按察雖皆謂之觀風而其實代天子以行巡狩之事故觀風王者事也陳公起家名進士自秋官郎擢僉浙臬執操縱予奪生死榮辱之柄而代　天子觀風於一方其亦榮且重哉吁亦難矣公之始至吾浙適歲之旱民不聊生飢者仰而待哺懸者呼而望解病者呻鬱者怨不得其平者鳴弱者強者蹶者嚙者梗而孽者狡而竊者乘間投隙沓至而環起當是之時而公無以處之吾見其危且殆也賴公之才明知神武不震不激撫柔摩剔以克有濟期月之間而飢者飽懸者解呻者歌怨者樂不

平者申蹶者起嚚者馴孽者順竊者靖滌蕩剖刷而
率以無事於是乎脩廢舉墜問民之疾苦而休息之
勞農勸學以興教化然後上會稽登天姥入鴈蕩陟
金峩覽觀江山之形勝喟然太息弔子胥之忠誼禮
嚴光之高節布遐躅於隆龐挹流風於彷彿固亦大
丈夫得志行道之一樂哉然公之始其憂民之憂也
亦既無所不至矣公唯憂民之憂是以民亦樂公之
樂而相與歡欣鼓舞以頌公德然則今日觀風之作
豈獨見吾人之厚公抑以見公之厚於吾人也雖然
公之憂民之憂其惠澤則既無日而可忘矣民之樂

公之樂其憂某亦既與日而俱深矣以公之才器天子其能久容於外乎則公固有時而去也然則其可樂者能幾而可憂者終誰任之則夫今日觀風之作文不徒以頌公之厚於吾人將遂因公而致望於繼公者亦如公焉則公雖去而所以憂其民者尚亦永有所托而因以不墜也

山東鄉試録序　甲子

山東古齊魯宋衛之地而吾夫子之鄉也嘗讀夫子家語其門人高弟大抵皆出於齊魯宋衛之間固願一至其地以觀其山川之靈秀奇特將必有如古人

者生其間而吾無從得之也。今年爲弘治甲子。天下當復大比。山東巡按監察御史陸偁輩以禮與幣來。請守仁爲考試官。故事司考校者。惟務得人。初不限以職任。其後三四十年來。始皆一用學職。遂致應名取具事歸外簾。而糊名易書之意微。自頃言者頗以爲不便。大臣上其議。天子曰然。其如故事。於是聘禮考校。盡如 國初之舊。而守仁得以部屬來典試事於茲土。雖非其人。寧不自慶其遭際。又況夫子之鄉。固其平日所願一至焉者。而乃得以盡觀其所謂賢士者之文而考校之。豈非平生之大幸歟。雖然亦竊有大懼焉。夫委重於考校。將以求才也。求才而心有不盡。是不忠也。心之盡矣。而真才之弗得。是弗明也。不忠之責。吾知盡吾心爾矣。不明之罪。吾終且柰何哉。蓋昔者夫子之時。及門之士嘗三千矣。身通六藝者七十餘人。其尤卓然而顯者。德行言語則有顏閔子賜之徒。政事文學則有由求游夏之屬。今所取士。其始拔自提學副使陳某者。蓋三千有奇而得千有四百。既而試之。得七十有五人焉。嗚呼。是三千有奇者。其皆夫子鄉人之後進。而獲游於門牆者乎。是七十有五人者。其皆身通六藝者乎。夫今之山東猶古之山東也。雖今之不遠於古。顧亦寧無一二人如昔賢者。而今之所取苟不與焉。豈非司考校者不明之罪歟。雖然其於諸士。亦願有言焉。夫有其人而弗取。是誠司考校者不明之罪矣。司考校者。以是求之。以是取之。而諸士之中。苟無其人焉。以應其求。以不負其所取。是亦諸士者之耻也。雖然予豈敢謂果無其人哉。夫子嘗曰。魯無君子者。斯焉取斯。顏淵曰。舜何人也。予何人也。有爲者亦若是。夫爲夫子之鄉人。苟未能如昔人焉。而不耻不若。又不知所以自勉。是自暴自棄也。其名曰不肖。夫不肖之與不明。其相去何遠乎。然則司考校者之與諸士。亦均有責焉耳矣。嗟夫。司考校者之責。自今不能以無懼。而不可以有爲矣。若夫諸士之責。其不能者。猶可以自勉。而又懼其或以自畫也。諸士無亦曰吾其勗哉。無使司考校者。終不免於不明也。斯無媿於是舉。無媿於夫子之鄉人也矣。是舉也某某同事於考校。而御史彌實司監臨。某某司提調。某某司監試。某某又相與翊賛防範於外。皆與有勞焉。不可以不書。自餘百執事。則已具列于録矣。

烝候圖序 戊辰

天地一元之運爲十二萬九千六百季分而爲十二會會分而爲三十運運分而爲十二世世分而爲三十年年分而爲十二月月分而爲二氣氣分而爲三候候分而爲五日日分而爲十二時積四千三百二十時三百六十日而爲七十二候會者元之候也世者運之候也月者歲之候也候者月之候也天地之運日月之明寒暑之代謝氣化人物之生息終始盡於此矣月證於月者也氣證於氣者也候證於物者也若孟春之月其氣爲立春爲雨水其候爲東風解凍爲蟄虫始振爲魚負水獺祭魚之類月令諸書可考也

氣候之運行雖出於天時而實有關於人事是以古
之君臣必謹脩其政令以奉若夫天道致察乎氣運
以警惕夫人爲故至治之世天無疾風盲雨之愆而
地無昆蟲草木之孽孔子之作春秋也大雨震電大
雨雪則書大水則書無氷則書無麥苗則書多麋則書
蜮蜚雨螽蝝生則書六鷁退飛則書隕霜不殺草李
梅實則書春無氷則書鸜鵒來巢則書凡以見氣候
之愆變失常而世道之興衰治亂人事之汙隆得失
皆於是乎有證焉所以示世之君臣者恐懼脩省之
道也大總兵懷柔伯施公命繪工爲七十二候圖遺

使㠯幣走龍場屬守仁敘一言於其間守仁謂使者
曰此公臨政之本也善端之發也戒心之萌也使者
曰何以知之守仁曰人之情必有所不敢忽也而後
著於其念必有所不敢忘也而後存於其心著於其
念存於其心而後見之於顔色言論志之於弓矢几
杖盤盂劍席繪之於圖畫而日省之於其心是故思
馳騁者愛觀夫射獵遊田之物耽逸樂者喜親夫博
弈燕飲之具公之見於圖繪者不於彼而於此吾是
㠯知其爲善端之發也吾是㠯知其爲戒心之萌也
其殆警惕夫人爲而謹修其政令也歟其殆致察乎

氣運而奉若夫天道也歟夫警惕者萬善之本而衆美之基也公克念於是其可以爲賢乎由是因人事以達於天道因一月之候以觀夫世運會元以摭萬物之幽賾而窮天地之始終皆於是乎始吾是以喜聞而樂道之爲之叙而不辭也

送毛憲副致仕歸桐江書院序戊辰

正德己巳夏四月貴州按察司副使毛公承上之命得致其仕而歸先是公嘗卜桐江書院於子陵釣臺之側者幾年矣至是將歸老焉謂其志之始獲遂也甚喜而同僚之良惜公之去乃相與咨嗟不忍集而

餞之南門之外酒旣行有起而言於公者曰君子之道出與處而已其出也有所爲其處也有所樂公始以名進士從政南部理繁治劇頎然已有公輔之望及爲方面於雲貴之間者十餘年内釐其軍民外撫諸戎蠻夷政務舉而德威著雖或旨是召嫉取謗而名稱亦用是益顯建立暴於天下斯不謂之有所爲乎今茲之歸脫屣聲利垂竿讀書樂泉石之清幽就烟霞而屏迹寵辱無所與而世累無所加斯不謂之有所樂乎公於出處之際其亦無憾焉耳已公起拜謝復有言者曰雖然公之出而仕也太夫人老矣先

大夫忠襄公又遺未盡之志欲仕則違其母欲養則違其父不得已權二者之輕重出而自奮於功業人徒見公之憂勞爲國而忘其家不知凡以成忠襄之志而未嘗一日不在於大夫人之養也今而歸告成於忠襄之廟拜太夫人於膝下旦夕承懽伸色養之孝公之願遂矣而其勞國勤民拳拳不舍之念又何能釋然而忘之則公雖欲一日遂歸休之樂蓋亦有所未能也公復起拜謝又有言者曰雖然君子之道用之則行舍之則藏用之而不行者往而不返者也舍之而不藏者溺而不止者也公之用也旣有吕行

慶

之其舍之也有弗能藏者乎吾未見夫有其用而無其體者也公又起拜遂行陽明山人聞其言而論之曰始之言道其事也而未及於其心次之言者得公之心矣而未盡於道終之言者盡於道矣不可已有加矣斯公之所允蹈者乎諸大夫皆曰然予盍書之以贈從者

恩壽雙■詩後序 戊辰

正德丙寅丹徒沙隱王公壽七十配孺人嚴六十有九其年 天子以厥子侍御君貴封公監察御史配爲孺人在朝之彥咸爲歌詩侈 上之德以祝公壽

美侍御君之賢又明年侍御君奉　命巡按貴陽以王事之靡盬將厥父母之非遑也載是冊以俱每陟屺岵望飛雲徘徊瞻戀喟然而興嘆黯然而長思輒取是冊而披之而微諷之而長歌詠嘆之以舒其懷見其志雖身在萬里固若稱觴膝下聞詩禮而趨於庭也大夫士之有事於貴陽者自都憲王公而下復相與歌而和之聯爲巨帙屬守仁敘於其後夫孝子之於親固有不必捧觴戲綵以爲壽不必秉滑旨甘以爲養不必候起居奔走扶携以爲勞者非子之心謂不必如是也子之心願如是而親以爲不必如是

必如彼而後吾之心始樂也子必爲是不爲彼以拂其情而曰吾以爲孝其得爲養志乎孝莫大乎養志親之願於其子者曰弘乃德遠乃猶嘻嘻旦夕孰與名垂簡冊以顯我於無盡飲食口體孰與澤被生民以張我之能施服勞奔走孰與比迹夔皐以明我之能教非必親之願於其子者咸若是也親以是願其子而子弗能焉弗可得而願也子能之而親弗以願其子焉弗可得而能也以是願其子者賢父母也以是承於其父母者賢子也二者恒百不一遇焉其庸可冀乎侍御君之在　朝則忠愛達於上其巡按於

慈也則德威敷於下凡其宣布恩惠摩赤子起其疾而乳哺之者孰非公與孺人之慈凡其懾大奸使不得肆祛大弊使不復作爬梳調服撫諸夷而納之夏以免　天子一方之顧慮者孰非侍御君之孝而凡若此者亦孰非侍御君之所以壽於公與孺人之壽哉公孺人之賢蘄太史之序詳矣其所以修其身教其家誠可謂有是父有是子是詩之作不爲虛與諛故爲序之云爾

重刊文章軌範序　戊辰

宋謝枋得氏取古文之有資於場屋者自漢迄宋凡

六十有九篇，標揭其篇章句字之法，名之曰文章軌範。蓋古文之奥不止於是，是獨爲舉業者設耳。世之學者傳習已久，而貴陽之士獨未之多見。侍御王君汝楫於按歷之暇，手録其所記憶，求善本而校是之，謀諸方伯郭公輩，相與捐俸廪之資，鋟之梓，將以嘉惠貴陽之士。曰：枋得爲宋忠臣，固以舉業進者，是吾微有訓焉。屬守仁叙一言於簡首。夫自百家之言興，而後有六經；自舉業之習起，而後有所謂古文。古文之去六經遠矣，由古文而舉業又加遠焉。士君子有志聖賢之學，而專求之於舉業，何啻千里！然中世以是取士士雖有聖賢之學堯舜其君之志不以是進終不大行於天下蓋士之始相見也必以贄故舉業者士君子求見於君之羔雉耳羔雉之弗飾是謂無禮無禮無所庸於交際矣故夫求工於舉業而不事於古作弗可工也弗工於舉業而求於倖進是僞飾羔雉以罔其君也雖然羔雉飾矣而無恭敬之實焉其如羔雉何哉是故飾羔雉者非以求媚於主致吾誠焉耳工舉業者非以要利於君致吾誠焉耳世徒見夫由科第而進者類多徇私媒利無事君之實而遂歸咎於舉業不知方其業舉之時惟欲釣聲利弋

身家之腴以苟一旦之得而初未嘗有其誠也鄒孟氏曰恭敬者幣之未將者也伊川曰自洒掃應對可以至聖人夫知恭敬之實在於飾羔雉之前則知堯舜其君之心不在於習舉業之後矣知洒掃應對之可以進於聖人則知舉業之可以達於伊傅周召矣吾懼貴陽之士謂二公之爲是舉徒以資其希寵禄之筌蹄也則二公之志荒矣於是乎言

五經臆說序戊辰

得魚而忘筌醪盡而糟粕棄之魚醪之未得而曰是筌與糟粕也魚與醪終不可得矣五經聖人之學具

焉然自其已爾者而言之其於道也亦筌與糟粕耳竊嘗怪夫世之儒者求魚於筌而謂糟粕之爲醪也夫謂糟粕之爲醪猶近也糟粕之中而醪存求魚於筌則筌與魚遠矣龍場居南夷萬山中書卷不可携日坐石穴默記舊所讀書而録之意有所得輒爲之訓什期有七月而五經之旨略遍名之曰臆說蓋不必盡合於先賢聊冩其胸臆之見而因以娱情養性焉耳則吾之爲是固又忘魚而釣寄興於麯蘖非誠旨於味者矣嗚呼觀吾之說而不得其心以爲是亦筌與糟粕也從而求魚與醪焉則失之矣夫說凡四

十六卷經各十而禮之說尚多缺僅六卷云

潘氏四封録序 辛未

歙潘氏之仕於　朝者戶部主事君選大理寺副君琢戶部員外君旦南大理評事君鑑凡四人正德五年冬琢旦以上三載家選鑑以　兩宮徽號旬月之間皆得推恩封其親如其官焉於是敘八制爲録侈上之賜以光其族裔而來謂某曰德下寵浮若之何其可請一言以示我潘氏某曰一族而四顯來者相望也其盛哉夫一月之間而均被榮渥則又何難也蓋吾聞之大山之木千仞而四榦垂于四峰之巔飛

雨露之沾濡

鳥之鳴聲不稍及也春氣至而四幹之杪花葉若一則其所出之根固有不期致焉潘氏之在婺聞望自宋元而來其培本則厚四子者固亦潘氏之四幹矣是惟否塞開晦嚮際明期而諧景會其軒竦條達孰禦而夫　寵命之沾溉不約而同也其又足異哉雖然木之生風霆之鼓舞炎暑之酷烈陰寒氷雪之嚴沍剥落彼凝其精堅其質而完其氣非獨雨露之沾濡生成之也夫恩寵爵禄雨露也號令宣播風霆也法度政事之苛察煩困炎暑也時之險阨患難顛沛陰寒氷雪之嚴沍剥落也何適而非生成四子蓋亦

略嘗歷之斯材中檽柱而任梁棟矣吾願潘氏之益培其根也因子拜而起曰吾其益培之以忠孝乎溉之以誠敬乎植之以義而防之以禮乎其曰然則潘氏之軒棘條達其盈無竊爾巳矣其不爲應酬詩文餘四年矣辛副君之爲暨陽也予嘗許之文未及爲而有南北之別今兹復見於京師而以是責償焉故不得而辭也

送章達德歸東雁序 辛未

章達德將歸東雁石龍山人爲之請於是畢泉子托以考槃陽明子爲之賦衡門客有在坐者嚜然曰異

哉二夫子之言吾不能知之夫闕爾形無瑩爾精也其可矣今茲將惟職業之弗遑而暇雁蕩之懷乎彼章子者雁蕩之產矣則又可以居而弗居依依於京師者數年而未返是二者交相慕乎其外也夫苟游心恬淡而栖神於流俗塵囂之外環堵之間其無屏霞天柱乎雁蕩又奚必造而後至不然托踪泉石而利祿羅其中雖廬雲霄之頂其得而居諸於是陽明子仰而喟俯而黙卒無以應之也志其言以遺章子曰客見吾杜權焉行矣子毋忘客之言亦無以客之言而忘甘泉子之托

壽湯雲谷序 甲戌

弘治壬戌春某西尋句曲與丹陽湯雲谷偕當是時雲谷方爲行人留意神仙之學爲予談呼吸屈伸之術爕神化氣之道蓋無所不至及與之登三峯之巔下探華陽休玉宸感陶隱君之遺迹慨嘆穢濁飄然有脫屣人間之志予時皆未之許也雲谷意不然之曰子豈有見於吾乎予曰然子之眉間憮然猶有恒世之色是道也遲之十年庶幾矣雲谷曰子見吾之貌而吾信吾之心旣別雲谷尋入爲給事中又遷爲右給事彈心職務驅逐疲勞竟以直道抵權奸斥外

而子亦以言事得罪奔走謫鄉不相見者十餘年至是正德癸酉某月子自吏部徙守南太僕再過丹陽而雲谷已家居三年矣訪之迎謂子曰尚憶胥門之說乎吾信吾之心而不若子之見吾貌何也今果十年而始出於泥塗是則信矣然謂吾之庶幾也則貌益衰年益逝去道益遠獨是若未之蓋然耳子曰乃今則幾矣今吾又聞子之言見子之貌矣又見子之廬矣又見子之鄉人矣雲谷曰異哉言貌既遠矣廬與鄉人亦奚可以見我乎曰古之有道之士外槁而中澤處隘而心廣累釋而無所撓其精機忘而無所忤

於俗是故其色愉愉其居于于其所遭若清風之披物而莫知其所從往也今子之步徐髮改而貌若益憊然而其精藏矣言下意懇而氣若益衰然而其神守矣室廬無所增益於舊而志意擴然其累釋矣鄉之人相忘於賢愚貴賤且以爲慈母且以爲嬰兒其機忘矣夫精藏則太和流神守則天光發累釋則怡愉而静機忘則心純而一四者道之證也夫道無在而神無方安常處順其至矣而又何人間之睨徙乎雲谷曰有是哉吾信吾之心乃不君子之見吾廬與吾鄉人也於是雲谷年七十矣是月値其懸弧鄉人

方謀所以祝壽者聞予至皆來請言予曰嘻子之鄉先生既幾於道而尚以壽爲賀乎夫壽不足以爲子之鄉先生賀予之鄉而有有道之士若子之鄉先生者使爾鄉人之子弟皆有所矜式視傚出而事君則師其道以用世入而家居則師其道以善身若射之有的各中乃所向則是先生之壽乃於爾鄉之人復有足賀也已明年三月予遷官鴻臚而鄉之人復以書來請遂追書之

文山別集序　甲戌

文山別集者宋丞相文山先生自述其勤王之所經

歷後人因而採集之以成者也其間所值險阻艱難顛沛萬狀非先生之述固無從而盡知者先生忠貞節蓋宇宙皆於是而有據後之人因詞考迹感先生之大義油然興起其忠君愛國之心固有泫然泣下裂背扼腕思喪元首之無地者是集之有益於臣道豈小小哉古之君子之忠於其君求盡吾心焉以自慊而已亦豈屑屑言之以蘄知於世然而仁人之心忠於其君亦欲夫人之忠於其君也忠於其君則盡心焉已欲夫人忠於其君而思以吾之忠於其君者啓其良心固有人弗及知之者非自言之何由以及

人乎斯先生之所爲自述以教世之忠也當其時伏節死義之士無不備載亦因是以有傳是又與人爲善者也是集也在先生之自盡若嫌於蘄世之知以先生之教人則吾惟恐其知之不盡也在先生之自盡若可以無傳以先生之與人爲善則吾惟恐其傳之不遠也先生之裔孫今太僕少卿公宗嚴復刻是集而屬某爲之序某之爲廬陵也公之族弟某嘗以序請茲故不可得而辭嗚呼當顛沛之心而不忘乎與人爲善者節之裕也致自盡之心而欲人同歸於善者忠之推也不以蘄知爲嫌而行其教人之誠

者仁之篤也象賢崇德以章其先世之美之謂孝明訓述事以廣其及人之教之謂義吾於是集之序無愧辭耳矣

金壇縣志序　乙亥

麻成劉君天和之尹金壇也三月而政成考邑之故而創志焉曰於乎艱哉吾欲觀風氣之所宜民俗之所尚而無所證也以諏於鄉老有遺聽焉吾欲觀往昔之得失民俗之急緩弛張先後之無所稽也以詢於閭野有遺情焉吾欲觀山川之條理疆域之所際道路井邑之往來聚散制其經遠其變而無所裁也

則以之闢荒穢入林麓有以歷焉亦惟文獻之未足也而爾已也嗚呼古君子之忠也舊政以告於新尹吾何以盡吾心哉夫政有時而或息焉告有時而或窮焉書之冊而世守之斯其爲告也不亦遠乎志成使來請序吾觀之秩然其有倫也錯然其有章也天也物之祖也地也物之妣也故先之以天文而次之以地理地必有所產故次之以食貨物產而事興故次之以官政政行而齊之以禮則教立故次之以學校學以興賢故次之以選舉賢興而後才可論也故次之以人物人物必有所居故次之以宮室居必有

所事事窮則變變則通故次之以雜志終焉嗚呼此豈獨以志其邑之故君子可以觀政矣夫經之天文所以立其本也紀之地理所以順其利也叙之食貨所以遂其養也綜之官政所以均其施也節之典禮所以成其俗也達之學校所以新其德也作之選舉所以用其才也考之人物所以辯其等也修之宫室所以安其居也通之雜志所以盡其變也故本立而天道可睹矣利順而地道可因矣養遂而民生可厚矣施均而民政可平矣俗成而民志可立矣德新而民性可復矣才用等辯而民治可久矣居安盡變而

民義不匱矣修此十者以治達之邦國天下可也而況於邑乎故曰君子可以觀政矣

送南元善入覲序　乙酉

渭南南侯之守越也越之敝數十年矣巨奸元憝窟據根盤良牧相尋未之能去政積事隳俗因隳靡至是乃斬然翦剔而一新之宄惡貪殘禁不得行而狡僞淫侈游惰苟安之徒亦皆拂戾失常有所不便相與斐斐緝緝構讒騰誹城狐社鼠之奸又從而黨比翁張之謗遂大行士夫之爲元善危者沮之曰謗甚矣盍已諸元善如不聞也而持之彌堅行之彌決且

曰民亦非無是非之心，而蔽昧若是，固學之不講，而教之不明也。吾寧無責，而獨以咎歸於民，則曰至學宮進諸生而作之以聖賢之志，啓之以身心之學。士亦蔽於習染，閧然疑恠以駭曰：是迂闊之談，將廢吾事。則又祖與斐斐緝緝，訾毀而詆議之。士夫之爲元善危者沮之曰：民之謗若火之始炎，士又從而嘗之，孰能以無爍乎？盍遂已諸？元善如不聞也，而持之彌堅，行之彌決，則又緝稽山書院，萃其秀穎而日與之諄諄焉、亹亹焉。越月踰時，誠感而意孚，三學洎各邑之士亦漸以動，曰有所覺而月有所悟矣。於是爭相奮曰吾乃今知聖賢之必可爲矣非侯之至吾其已夫侯真吾師也於是民之謗者亦漸消沮其始猶曰侯之於我利害半我之於侯恩怨半至是惠洽澤流而政益便相與悔曰吾始不知侯之愛我也而反以爲殃我也吾始不知侯之拯我也而反以爲勞我也我其無人之心乎侯真吾之嚴父也慈母也於是侯且入覲百姓皇皇請留不得相與謀之多士曰吾去慈母吾將安哺乎嚴父吾去吾將安恃乎士曰吁嗟維父與母則生爾身維侯我師實生我心吾寧可以一日而無吾師之臨乎則相與假重於陽明子而乞

留焉陽明子曰三年之覲大典也侯焉可留乎雖然此在爾士爾民之心夫承志而無違子之善養也離師友而不背弟子之善學也不然雖居膝下而侍几杖猶爲不善養而操戈入室者也奚必以留侯爲哉衆皆默然良久曰公之言是也相顧逡巡而退明日復師生相率而來請曰無以輸吾之情願以公言致之於侯寔侯之端其來旋而有以速諸生之化慰吾民之延頸也

送聞人邦允序

聞人言邦允者陽明子之表弟也將之官閩之嶮峽

而請言陽明子謂之曰重矣勿以進非科第而自輕榮矣勿以官卑而自慢夫進非科第則人之待之也易以輕從而自輕者有矣官卑則人之待之也易以慢從而自慢者有矣夫科第以致身而恃以爲暴是厲階也高位以行道而據以媒利是盜資也於吾何有哉吾所謂重吾有良貴焉耳非矜與驁之謂也吾所謂榮吾職易舉焉耳非顯與耀之謂也夫以良貴爲重舉職爲榮則夫人之輕與慢之也亦於吾何有哉行矣吾何言

陽明先生文録卷之五